CW00456107

DER ANTICHRIST

oder die

gegenwärtige Krise

des

Heiligen Stuhls

im Lichte der Weissagung betrachtet

––––––––––

VIER VORTRÄGE

von

HEINRICH EDUARD MANNING

Doktor der Theologie, Domprobst von Westminster.

––––––––––

Aus dem Englischen
von
Karl B. Reiching

Regensburg.
Druck und Verlag von Georg Joseph Manz.
1861.

„Der falsche Messias"

Der Teufel flüstert dem „falschen Messias" die Worte ins Ohr

© 2020 Neuauflage
Verlag & Druck: tredition GmbH, Halenreie 40-44, 22359 Hamburg

ISBN:
978-3-7497-5464-9 (Paperback)
978-3-7497-5465-6 (Hardcover)
978-3-7497-5466-3 (e-Book)

Inhaltsverzeichnis:

Matthäus 24, 23-28

Wenn dann jemand zu euch sagt: Seht, hier ist der Messias, oder: dort, so glaubt es nicht; denn es werden falsche Messiasse aufstehen und »falsche Propheten, und sie werden große Zeichen und Wunder tun« (Dt 13,1), um, wenn möglich auch die Auserwählten zu verführen.

Seht, ich habe es euch vorhergesagt! Wenn sie euch also sagen: Seht, er ist in der Wüste, so geht nicht hinaus; seht, er ist in den Kammern, so glaub es nicht. Denn wie der Blitz vom Osten ausgeht und bis zum Westen leuchtet, so wird es sein mit der Ankunft des Menschensohns. »Wo das Aas ist, da versammeln sich die Geier« (Job 39,30).

An den Hochwürdigen

Johann Heinrich Newman,
Doktor der Theologie, Mitglied der Kongregation
des heiligen Philipp Neri.

Mein lieber Dr. Newman!

Vor ungefähr drei Jahren, als Sie mir Ihren letzten Band Predigten widmeten, hatten Sie die Freundlichkeit, meinen Namen mit dem Ihrigen zu verbinden. Lassen Sie mich Ihnen einen Beweis geben, wie angenehm es mir war, mich irgendwie mit Ihnen verbunden zu sehen, indem ich Sie bitte, mir zu gestatten, daß ich in dieser unwürdigen Gegengabe Ihren Namen mit dem meinigen verknüpfen darf. Doch ist, wie Sie wissen, χάλκεα χρυσείων ein altes Sprichwort.

Sie waren so gütig, mich beinahe seit dreißig Jahren als einen Freund anzusehen, und dies sagt mir, daß wir beide uns der Lebensstufe nähern, wo man wohl zurückblicken und den Pfad ermessen darf, den man durchwandert hat. Es ist nichts Geringes, mehr als ein Vierteljahrhundert und ein Menschenalter hindurch ein sehr ereignisreiches Leben voll Mühe und Arbeit durchlebt zu haben. Mit sehr wenigen Ausnahmen sind alle diejenigen, die in Amt und Würden standen,

als unsere Freundschaft ihren Anfang nahm, heim-
gegangen, eine neue Generation wurde geboren und ist
zum Mannesalter erwachsen, seitdem wir ins Leben
traten.

Man glaubt immer gerne, die Zeiten, in denen man
lebt, seien vor anderen Zeiten besonders ereignisreich
und bedeutungsvoll. Doch diese allgemeine Schwäche
abgerechnet, meine ich, wir werden nicht sehr weit
fehlen, wenn wir die dreißig Jahre für ausnahmsweise
wichtig halten, die mit der katholischen Emanzipation
beginnend, die Wiederherstellung des katholischen
Episkopats in England umfassen und mit der antichristlichen Bewegung Europas gegen die weltliche
Herrschaft des Heiligen Stuhls schließen. Ich darf auch
noch sagen, daß für Sie und für mich diese Periode ein
anderes hohes und besonderes Interesse hat wegen der
intellektuellen Bewegung, die hauptsächlich in Oxford
entsprang und sich in unserm ganzen Lande fühlbar
machte. Sie sind ein Baumeister an diesem Werk
gewesen, und ich ein Zeuge seines Wachstums. Sie
blieben lange in Oxford, das uns beiden mit allen seinen
Verunstaltungen dennoch so teuer ist, aber ich wurde in
die Ferne entrückt, und hatte allein zu arbeiten.
Demungeachtet fühle ich mich Ihnen mehr als
irgendeinem Manne unserer Zeit für geistigen Beistand
und Aufklärung dankbar verpflichtet, und es gewährt
mir eine aufrichtige Freude, dies jetzt öffentlich
anzuerkennen, obwohl ich es keineswegs vergelten
kann. Unter die vielen Dinge, die gegenwärtig ein
lebhaftes und ernstes Interesse erregen, gehört die
ausgesprochene und deutliche Entwicklung der beiden
großen geistigen Bewegungen, deren Lauf wir so lange

aufmerksam beobachtet haben. Es gab eine Zeit, wo jene, die sich jetzt als Katholiken und Nationalisten gegenüberstehen, scheinbar vollkommen gleiche Überzeugungen hatten, aber unter der Form gemeinsamer Ansichten lag schon damals der wesentliche Antagonismus zweier Prinzipien verborgen, deren Abstand voneinander so weit ist, als göttlicher Glaube und Menschenmeinung ihn zwischen den Geistern der Menschen begründen kann.

Während jedes Jahr die Gründe immer in ein helleres Licht stellte, wodurch sich für Sie und für mich die Überzeugungen des Verstandes zum Bewußtsein des Glaubens erhoben, und uns die göttliche Einheit und die Vorzüge der alleinigen Kirche Gottes offenbarte, sind einige von denen, die auf unserer Seite waren oder zu Ihren Füßen saßen, wie von einer Meereswoge in den Anglikanismus, Protestantismus und rationalistischen Deismus zurückgeführt worden. Während der göttliche Charakter der einen katholischen und römischen Kirche nebst den Vorrechten des Statthalters Christi sich uns in einer Fülle und Majestät offenbarte, welche den liebenden Gehorsam des Verstandes, Herzens und Willens und aller Kräfte unsers Lebens gebietet, kam es mit andern, die wir einst so innig liebten, so weit, daß sie ihre Hauptansprüche auf staatsmännische Begabung in einer Politik fanden, die einfach das Vorspiel des Antichrist ist. Die italienische Politik Englands verdient keinen andern Namen, und ich muß staunen, daß das große französische Volk, das auf den englischen Einfluss so eifersüchtig ist und die Abgeschmacktheiten des englischen Protestantismus mit Recht verachtet, sich zur Teilnahme an einer Politik bewegen ließ, die dem katholischen Frankreich so verhasst ist und alle Hoffnungen des protestantischen England übertrifft. Den Heiligen Stuhl seiner weltlichen Herrschaft zu berauben, war seit Heinrich VIII. die Leidenschaft des protestantischen England, aber es träumte nie davon, seinen Lieblingszweck durch die Hand des katholischen Frankreich zu erreichen.

Ich hatte kaum diesen Satz geschrieben, als ich die Debatte im Unterhause über die auswärtige Politik der Regierung las. Ich glaube nicht, daß wir beide im Verdachte stehen können als Apologeten für die neapolitanischen Gefängnisse, wenn sie so schlecht sind, als die unsrigen vor einigen Jahren waren, oder für *la torture de Naples*, wenn ein Fünkchen von Wahrheit daran ist, was ich mehr als bezweifle. Sie und ich brauchen nicht zu fürchten, für Lobredner des Despotismus oder Absolutismus oder auch nur einer repressiven Regierung angesehen zu werden. Aber ich denke, wir beide werden es für ein trauriges Schauspiel halten, wenn wir das Unterhaus, durch Deklamationen über dergleichen Gegenstände hingerissen, von den Gesetzen abweichen sehen, welche das christliche Europa geschaffen haben, und alles was in der englischen Konstitution kostbar ist, um eine Politik zu billigen, welche die europäische Gesellschaft untergräbt. Das Völkerrecht, anerkannte Verträge und rechtlicher Besitz sind ohne Zweifel für die moderne Schule der Staatsmänner gleich Null und ohne Bedeutung. Sie sind aber dennoch die Realitäten, welche die Gesellschaft zusammenbinden, und bilden den moralischen Prüfstein, an dem die Gerechtigkeit einer Sache erprobt werden muß. Die Politik, welche sie verletzt, ist unsittlich, ihr Ende ist allgemeine Gesetzlosigkeit, und ihr Erfolg wird ihre eigene Strafe sein. Ich habe aber keine tiefere Überzeugung, als daß diese antikatholische Bewegung, die von England geleitet oder angespornt wird, vollkommenen Erfolg haben und eine Zeitlang unumschränkt herrschen werde, und sodann, daß, vielleicht ehe wir in unserm Grabe liegen, alle welche daran Teil genommen haben, Fürsten, Staatsmänner und Völker, von der Geißel einer allgemeinen Revolution und eines europäischen Krieges werden heimgesucht werden, gegen welchen das Jahr 1793 und die Kriege des ersten Kaiserreiches nur ein schwaches Vorspiel sind. Was mich am meisten beschämt und beunruhigt, ist, zu sehen, daß Männer, die einst an eine höhere Ordnung der christlichen Politik glaubten, jetzt gegen den Heiligen Stuhl die Lehre von den Nationalitäten und von der Gesetzlichkeit der Revolution verkünden, welche, wenn sie auf England angewendet wird, das Reich nur darum nicht zertrümmern würde, weil sie in Blut erstickt werden müßte. Es scheint, als ob die Leute den Verstand verloren hätten. Wie können wir uns sonst die Blindheit erklären, die nicht sehen kann, daß der Streit zwischen Frankreich und Österreich die katholische Gesellschaft Europas geschwächt und der protestantischen Politik Englands und Preußens ein höchst gefährliches Übergewicht gegeben hat? Es wird nicht lange anstehen, so wird ein europäischer Krieg die Mächte der christlichen Gesellschaft, Protestanten und Katholiken, auf gleiche Weise erschöpfen und der antichristlichen Gesellschaft oder der Revolution, die sich jetzt überall zum letzten und entscheidenden Kampfe rüstet, ein unseliges Übergewicht verschaffen. Ist die katholische Gesellschaft in Europa geschwächt, so wird die christliche Gesellschaft auch bald weichen müssen. Dann kommt die Geißel. Die Überzeugung, die ich habe, daß eine große Wiedervergeltung der antikatholischen Bewegung in England, Frankreich und Italien droht, wird umso gewisser durch den Umstand, daß der kritische Punkt in dem ganzen Kampfe, der Schlüssel des Ganzen und der letzte zu gewinnende Sieg die Entthronung des Statthalters unseres Erlösers ist. Die weltliche Herrschaft des Papstes ist, wie man uns sagt, das große Hindernis für den Frieden Italiens und Europas gewesen. Dies ist es, was die beiden Heere verteilt und in Schlachtordnung stellt. *Qui non mecum, contra me.* Sie werden ihren Tag haben, und der Statthalter Christi wird seine Zeit erwarten. *Si moram fecerit, expecta illum; quia veniens veniet et non tardabit.*

Unterdessen bereitet sich England zu seiner eigenen Auflösung vor. Es hat sich an die Spitze des Unglaubens in Europa gestellt und wird von seinen eigenen Anhängern verzehrt werden. Die Reformation hat ihr Werk an ihm getan. Der Protestantismus klebt wie das Hemd des Nessus an dem Fleische Englands, und sein Tag wird zuletzt kommen. Man sagt uns, daß der Mensch etliche 83 Parasiten hat, die von seinem Leibe leben. Die Anglikanische Kirche gibt auf gleiche Weise jeder Häresie Nahrung und beherbergt in ihrem System, was die lebendige Kirche Gottes ausstößt und auswirft. Gegenwärtig existiert in der etablierten Kirche förmlich ausgebildet: der Sabellianismus, Pelagianismus, Nestorianismus, Calvinismus, Lutheranismus, Zwinglianismus, Naturalismus und Nationalismus. – Ich übergehe eine Menge anderer nicht so bedeutender Häresien und nenne nur diese, weil sie in der Hochkirche eine bestimmte Existenz haben und sich selbst wieder hervorbringen. Es ist die ingrimmige Feindschaft dieser Waffe von Häresien, was die politische Macht Englands gegen die katholische Kirche, und vor allem gegen den Heiligen Stuhl, richtet, und England den traurigen und schlimmen Vorrang gibt, die am meisten anti-katholische und darum die am meisten antichristliche Macht der Welt zu sein.

In den folgenden Blättern habe ich versucht – freilich für einen so wichtigen Gegenstand höchst ungenügend – zu zeigen, daß, was in unsern Zeiten vorgeht, das Vorspiel von der antichristlichen Periode der schließlichen Entthronung des Christentums ist, wo die Gesellschaft wieder ohne Gott in der Welt leben wird. Aber früher oder später, so muß es sein. „Der Menschensohn geht zwar hin, wie von ihm geschrieben ist; weh aber jenem Menschen, durch welchen der Menschensohn verraten wird; besser wäre es ihm, wenn derselbe Mensch nicht geboren wäre." (Mt 26, 24.)

Möge Gott uns davor behüten, daß wir auch nur durch Stillschweigen an der Verfolgung seiner Kirche teilnehmen!

Ich bin wie immer, mein theurer Dr. Newman!

                    Ihr
Ostern 1861.
                         ergebenster

                    H. E. Manning

15

DIE GEGENWÄRTIGE KRISE
DES
HEILIGEN STUHLS

ERSTE VORLESUNG

Ich weiß ganz wohl, daß die Wahrheiten und Prinzipien der Offenbarung nach der allgemeinen Ansicht der Staatsmänner förmlich aus dem Kreise der Politik ausgeschlossen sind und daß es in unseren Tagen als eine Geistesschwäche angesehen wird, wenn man sie als Prüfsteine für die Ereignisse der Welt anwendet. Diejenigen, welche die Offenbarung ganz verwerfen, sind bei einer solchen Ansicht konsequent; aber mit welcher Konsequenz jene, die an eine Offenbarung der göttlichen Weltregierung zu glauben behaupten, dieselbe dennoch aus dem Gebiete der gleichzeitigen Geschichte ausschließen wollen, das vermag ich nicht zu sagen. Ich stehe daher im Begriff, *prudens et videns* gegen die öffentliche Meinung unserer Zeit anzustoßen und mich vielleicht der Verachtung oder dem Mitleiden solcher auszusetzen, welche glauben, daß die Welt durch die Tätigkeit des menschlichen Willens allein regiert werde. Darein ergebe ich mich ganz gerne, und ohne mich darüber zu beunruhigen. Meine Absicht ist, das gegenwärtige Verhältnis der Kirche zu den staatlichen Gewalten der Welt bei dem Lichte einer Weissagung zu untersuchen, welche der heilige Paulus anführt, und daraus gewisse praktische Grundsätze zu ziehen zur Leitung derer, die glauben, daß der göttliche

Wille auch in den Gegebenheiten gegenwärtig ist, die jetzt vor unseren Augen vor sich gehen.

Ich werde mich nicht in Erklärungen der Apokalypse einlassen oder damit befassen, das Jahr des Endes der Welt zu berechnen. Dies überlasse ich solchen, die dazu berufen sein mögen. Die Punkte, die ich mir zu behandeln vornehme, sind wenige und praktische, und das Resultat, das ich zu erreichen wünschte, ist eine klarere Erkenntnis dessen, was christliche Prinzipien sind und was antichristliche, so wie eine genauere Würdigung des Charakters der Begebenheiten, von welchen die Kirche und der Heilige Stuhl gegenwärtig heimgesucht werden.

Der heilige Paulus schreibt an die Thessalonicher: „Lasset euch von niemanden irre führen auf keine Weise; denn zuvor muß der Abfall kommen und offenbar werden der Mensch der Sünde, der Sohn des Verderbens, der sich widersetzt und sich erhebt über Alles, was Gott heißt oder göttlich verehrt wird, so daß er sich in den Tempel Gottes setzt und sich für Gott ausgibt. Erinnert ihr euch nicht, daß ich, da ich noch bei euch war, euch dieses sagte? Und nun wisset ihr, was ihn aufhält, bis er offenbar werde zu seiner Zeit. Denn das Geheimnis der Bosheit ist schon wirksam; nur soll der, welcher jetzt aushält, so lange aushalten, bis er hinweggeräumt ist. Und dann wird jener Bösewicht offenbar werden, welchen der Herr Jesus wird töten mit dem Hauch seines Mundes, und zunichtemachen durch den Glanz seiner Ankunft, ihn, dessen Ankunft geschieht gemäß der Wirkung des Satans mit allerlei Kraft, Zeichen und falschen Wundern und mit allerlei Verführung zur

Bosheit für die, welche verloren gehen, darum, weil sie die Liebe der Wahrheit nicht angenommen haben, um selig zu werden. Deshalb wird Gott den Irrtum auf sie wirksam sein lassen, so daß sie der Lüge glauben, damit alle gerichtet werden, welche der Wahrheit nicht geglaubt, sondern der Ungerechtigkeit beigestimmt haben."[1]

Wir haben hier eine Weissagung über vier große Tatsachen:

1. über eine Empörung, die der zweiten Ankunft unseres Herrn vorangehen soll;
2. über die Manifestation eines, welcher genannt wird, der Bösewicht;
3. über ein Hindernis, das seine Manifestation zurückhält und
4. endlich über die Periode der Macht und Verfolgung, deren Ursache er sein wird.

Bei Behandlung dieses Gegenstandes will ich nicht eigene Mutmaßungen wagen, sondern werde einfach sagen, was ich entweder in den Kirchenvätern finde oder in solchen Theologen, die die Kirche anerkannt hat, nämlich Bellarmin, Lessius, Malvenda, Viegas, Suarez, Ribera und andere. Erstens also: Was ist die Empörung? In dem Original heißt es: ἀποστασία, eine Apostasie, und in der Vulgata: *discessio,* oder eine Trennung. Nun aber schließt eine Empörung eine meuterische Trennung von einer Autorität und einen daraus folgenden Widerstand gegen dieselbe in sich. Wenn wir die Autorität finden

---

[1] 2 Thess 2, 3-11.

können, so werden wir auch vielleicht die Empörung finden.

Es gibt in der Welt nur zwei höchste Gewalten, die staatliche und die geistliche, und diese Empörung muß entweder ein Aufstand oder ein Schisma sein. Überdies muß sie etwas sein, was ein weites Feld umfasst und im Verhältnis steht zu den Ausbrüchen und Begebenheiten der Voraussagung.

Der heilige Hieronymus mit einigen andern erklärt diese Empörung als den Aufstand der Völker und Provinzen gegen das römische Reich. Er sagt: *Nisi venerit discessio ... ut omnes gentes quae Romano Imperio subjacent, recedant ab eis*,[1] eine Erklärung, die wir nicht zu untersuchen brauchen, insofern die Ereignisse der christlichen Geschichte sie widerlegen. Sie haben sich empört, und keine Manifestation hat sich gezeigt. Es scheint eines kleinen Beweises zu bedürfen, daß diese Empörung oder Apostasie eine Trennung ist, nicht von der staatlichen, sondern von der christlichen Ordnung und Autorität; denn die Kirchenschriftsteller sprechen wiederholt von einer solchen geistlichen Trennung, und an e i n e r Stelle scheint der heilige Paulus die Bedeutung dieses Wortes ausdrücklich zu erklären. Er gibt dem heiligen Timotheus zum Voraus die Warnung, daß in den letzten Tagen: τινὲς ἀποστήσονται ἀπὸ τῆς πίστεως, „Einige vom Glauben abfallen werden," und es scheint offenbar, daß derselbe geistige Abfall an dieser Stelle unter Apostasie verstanden wird.

---

[1] S. Hier. Ep. ad Algasiam.

19

Die Autorität also, gegen welche die Empörung stattfinden soll, ist die des Reichs Gottes auf Erden, von dem Daniel weissagt als dem Reich, das der Gott des Himmels ausrichten werde, nachdem die vier Reiche durch den ohne Hände ausgehauenen Stein zerstört sind, der ein großer Berg wurde und die ganze Erde erfüllte, oder mit andern Worten, es ist die eine und allgemeine Kirche, gestiftet von unserm Herrn und durch seine Apostel in der ganzen Welt verbreitet. In dieses einzige übernatürliche Reich wurden der wahre und reine Deismus oder die wahre und reine Gotteserkenntnis und der wahre und alleinige Glaube an den mensch-gewordenen Gott niedergelegt mit den Lehren und Gesetzen der Gnade. Dies also ist die Autorität, gegen welche die Empörung stattfinden soll, sei diese Empörung, was sie wolle.

Da die Autorität, gegen welche die Empörung stattfindet, so beschaffen ist, so kann es nicht schwierig sein, über ihren Charakter ins Reine zu kommen. Die inspirierten Schriftsteller beschreiben ihre Merkmale ausdrücklich.

Das erste ist das *Schisma*, wie es von dem heiligen Johannes angegeben wird: „Es ist die letzte Stunde, und wie ihr gehört habt, wird der Widerchrist kommen; ja schon jetzt sind Viele Widerchristen geworden, woraus wir erkennen, daß die letzte Stunde ist. Sie sind von uns ausgegangen, aber sie waren nicht von uns. Denn wenn sie von uns gewesen wären, so würden sie bei uns geblieben sein." [1]

---

[1] Joh 2, 18. 19.

Das zweite Merkmal ist die *Verwerfung* des Amtes und der Gegenwart des Heiligen Geistes. Der heilige Judas sagt: „Das sind diejenigen, welche sich selbst trennen, sinnlich sind, (d.h. *ψυχικοί* tierische oder bloß mit natürlicher Vernunft begabte Menschen) und den Geist nicht haben."[1] Dies schließt notwendig das häretische Prinzip der menschlichen Meinung in sich als entgegengesetzt dem göttlichen Glauben; der Privatansicht als entgegengesetzt der unfehlbaren Stimme des Heiligen Geistes, der durch die Kirche Gottes spricht.

Das dritte Merkmal ist die *Leugnung* der Menschwerdung. Der heilige Johannes schreibt: „Jeder Christ, der bekennet, daß Jesus Christus im Fleische gekommen sei, ist aus Gott, und jeder Christ, der Jesum aufhebt (d.h. durch Leugnung des Geheimnisses der Menschwerdung entweder die wahre Gottheit oder die wahre Menschheit oder die Einheit oder Göttlichkeit der Person des menschgewordenen Sohnes), ist nicht aus Gott, und dieser ist der Widerchrist, von dem ihr gehört habt, daß er kommt, und er ist schon jetzt in der Welt."[2] Ferner sagt er: „Es sind viele Verführer in die Welt ausgegangen, welche nicht bekennen, daß Jesus Christus im Fleische gekommen sei; ein solcher ist der Verführer und der Widerchrist."[3]

Dies also sind die Merkmale, an welchen, wie die Kirche an ihren Zeichen zu erkennen ist, die antichristliche Empörung oder Apostasie erkannt werden kann. Wir wollen nun sehen, ob sie in

---

[1] Jud 19.
[2] Joh 4, 2.3.
[3] Joh 7.

der Geschichte des Christentums oder in der gegenwärtigen Lage der Kirche nachgewiesen werden können.

Der erste zu beachtende Punkt ist, daß sowohl der heilige Paulus als der heilige Petrus von dieser antichristlichen Empörung sprechen, als bereits zu ihrer Zeit begonnen. Der heilige Paulus sagt: „Das Geheimnis der Bosheit ist schon wirksam; nur soll der, welcher jetzt aushält, so lange aushalten, bis er hinweggeräumt ist."[1] Und der heilige Johannes sagt ausdrücklich in der oben angeführten Stelle: „Es ist die letzte Stunde, und wie ihr gehört habt, wird der Widerchrist kommen; ja schon jetzt sind Viele Widerchristen geworden, woraus wir erkennen, daß die letzte Stunde ist."[2] Ferner: „Dieser ist der Widerchrist, von dem ihr gehört habt, daß er kommt, und er ist schon jetzt in der Welt."[3]

Wir müssen also nach den Anfängen dieser Empörung in den Zeiten der Apostel sehen. Der Geist des Antichristen war wirksam, sobald Christus der Welt geoffenbart wurde. Es ist also mit einem Worte die fortdauernde Wirksamkeit des Geistes der Häresie, welche vom Anfang an mit dem Glauben parallel lief.

Es liegt auf der Hand, daß der heilige Paulus und der heilige Johannes diese Ausdrücke auf die Nicolaiten, die Gnostiker und dergleichen anwandten. Die drei Merkmale des Antichristen, das Schisma, die Häresie und die Leugnung der Menschwerdung treten offen an

---

[1] 2 Thess 2, 7.
[2] 1 Joh 11, 8.
[3] 1 Joh 4, 3.

ihnen hervor. Sie lassen sich gleichfalls auf die Sabellianische, Arianische, Semiarianische, Monophysitische, Monotheletische, Euthychianische und Macedonianische Häresie anwenden. Die Grundsätze sind identisch, die Entwicklung verschieden, aber nur zufällig. Und so hat in diesen achtzehnhundert Jahren der Reihe nach jede Häresie ein Schisma erzeugt, und jedes Schisma brachte eine Häresie hervor, und alle miteinander leugnen die göttliche Stimme des Heiligen Geistes, der beständig durch die Kirche spricht, und alle miteinander setzen die menschliche Meinung an die Stelle des göttlichen Glaubens, und alle miteinander bringen vermöge eines sichern Prozesses, die einen schneller, die andern langsamer, eine Leugnung der Menschwerdung des ewigen Sohnes heraus. Einige können gleich im Anfange davon ausgehen, andere lösen sich in dieselbe auf durch eine lange und unvorhergesehene Umwandlung, wie der Protestantismus in den Nationalismus überging; da aber alle im Prinzip identisch sind, so sind sie auch identisch in ihren Folgen. Jedes Zeitalter hat seine Häresie, wie jeder Glaubensartikel durch die Verneinung seine genauere Fassung erhält. Und der Lauf der Häresie, ist gemessen und periodisch, materiell verschieden, aber formell eins sowohl dem Prinzip als der Tätigkeit nach, so daß alle Häresien vom Anfange an nichts weiter sind als die fortgesetzte Entwicklung und Ausbreitung „des Geheimnisses der Bosheit", das bereits wirksam war.

Ein anderes Phänomen in der Geschichte der Häresie ist ihre Macht, sich zu organisieren und fortzudauern, wenigstens bis sie sich in eine feinere und mehr aggressive Form auflöst, wie z.B. der Arianismus, der mit der katholischen Kirche in Konstantinopel, in der Lombardei und in Spanien rivalisierte, der Donatismus, welcher der Kirche in Afrika gleichkam; der Nestorianismus, welcher an Zahl die Kirche in Asien übertraf; der Islam, welcher die meisten seiner Vorläufer strafte und verschlang und im Osten und Süden die schreckliche antichristliche Militärmacht gründete, welche die Welt je gesehen, und der Protestantismus, der sich zu einem gewaltigen politischen Gegner des Heiligen Stuhles organisierte, nicht nur im Norden, sondern durch seine Politik und Diplomatik selbst in katholischen Ländern.

Zu dieser Expansionskraft kommt noch eine gewisse krankhafte und schädliche Wiedererzeugung. Die Physiologen sagen uns, daß es zuletzt eine vollkommene Einheit gibt, sogar in den zahllosen Krankheiten, welche den Leib verzehren; demungeachtet scheint jede Krankheit durch eine Ansteckung und Wiedererzeugung ihr Geschlecht fortzupflanzen. Ebenso in der Geschichte und Entwicklung der Häresie. Um nur den Gnostizismus, Arianismus und vor allem den Protestantismus zu nennen, so haben sie ein jeder eine Menge von untergeordneten und verwandten Häresien hervorgebracht. Aber es ist der Protestantismus, welcher vor allen übrigen die drei von den inspirierten Schriftstellern angegebenen Merkmale am deutlichsten an sich trägt. Andere Häresien haben sich Teilen und Einzelheiten des christlichen Glaubens und der Kirche entgegengesetzt, aber der Protestantismus, in seinem historischen Komplex genommen, so wie wir ihn jetzt im Rückblick auf dreihundert Jahre ermessen können, von der Religion des Luther, Calvin und Crammer einerseits bis zu dem Nationalismus und Pantheismus in England und Deutschland andererseits, ist unter allen und in allen Einzelheiten der förmlichste und ausgesprochenste Gegner des Christentums. Ich will nicht sagen, daß er bis jetzt seine volle Entwicklung erreicht hat; denn wir werden Gründe finden für die Annahme, daß er noch mit einer schwärzeren Zukunft schwanger geht; allein selbst soweit „das Geheimnis der Bosheit" bereits wirksam war, ist bis jetzt kein anderer Gegner so tiefgegangen, um den Glauben der christlichen Welt zu untergraben.

Ich will jetzt keine Abhandlung über die Reproduktionskraft des Protestantismus schreiben. Es ist hinreichend, gewisse Tatsachen aufzustellen, die aus der Geschichte des Geistes der letzten drei Jahrhunderte von selbst klar sind, daß nämlich der Socianismus, der Nationalismus und Pantheismus die rechtmäßigen Sprößlinge der Lutherischen und Calvinischen Häresie sind, und daß das protestantische England, unter den protestantischen Ländern das am wenigsten geistig entwickelte und konsequente, in diesem Augenblick eine reichliche Weide darbietet für die Mitteilung und Wiedererzeugung dieses Geistes des Irrtums.

Alles was ich hervorzuheben wünsche, ist, um eine moderne Phrase zu gebrauchen, daß die Bewegung der Häresie eine und dieselbe ist von Anbeginn; daß die Gnostiker die Protestanten ihrer Zeit waren und die Protestanten die Gnostiker der unserigen sind; daß das Prinzip identisch ist und der Umfang der Bewegung größere Proportionen angenommen hat; daß ihre Erfolge sich vermehrt haben und ihr Antagonismus gegen die katholische Kirche unveränderlich und wesentlich ist. Es gibt zwei Folgen und Wirkungen dieser Bewegung, die in Beziehung auf ihr Verhältnis zur Kirche so seltsam und so bedeutungsvoll sind, daß ich sie nicht übergehen kann.

Die erste ist die Entwicklung und der Kult des Prinzips der Nationalität, was sich immer in Verbindung mit der Häresie gefunden hat. Die Menschwerdung aber hob alle nationalen Unterschiede innerhalb der Sphäre der Gnade auf, und die Kirche verband alle Nationen zu einer übernatürlichen Einheit. Eine Quelle der geistlichen Gerichtsbarkeit und Eine göttliche Stimme hielt den Willen und die Handlungen einer Völkerfamilie zusammen. Früher oder später hat jede Häresie sich mit der Nation identifiziert, in welcher sie aufstand. Sie lebte durch die Unterstützung der Zivilgewalten, und diese haben den Anspruch auf nationale Unabhängigkeit in sich aufgenommen.

Diese Bewegung, die der Schlüssel des sogenannten großen abendländischen Schismas ist, ist auch der Grund der Reformation, und die letzten drei hundert Jahre haben dem Nationalitätsgeiste eine Entwicklung und eine Kraft verliehen, von der wir bis jetzt kaum mehr als ein Vorspiel sehen. Ich brauche nicht darauf hinzuweisen, wie dieser Nationalitätsgeist wesentlich schismatisch ist, was man nicht nur in der angli-kanischen Reformation sehen kann, sondern auch in den gallikanischen Freiheiten und in den Streitigkeiten Portugals in Europa und in Indien, um nichts weiter anzuführen.

Ich habe auf dieses Resultat der Häresie aufmerksam gemacht, weil es eines von den drei oben erwähnten Merkmalen bewahrheitet. Wenn die Häresie in dem Individuum die Einheit der Menschwerdung auflöst, so löst die Häresie in einer Nation die Einheit der Kirche auf, die auf die Inkarnation gebaut ist. Und hierin sehen wir eine wahrere und tiefere Bedeutung der Worte des heiligen Hieronymus, als er selbst voraussah. Es ist nicht die Empörung der Völker gegen das römische Reich, sondern die Apostasie der Völker von dem Reiche Gottes, das auf den Trümmern desselben aufgerichtet wurde. Dieser Prozess des nationalen Abfalles, der offen mit der protestantischen Reformation begann, macht, wie wir später sehen werden, seinen Lauf fort selbst unter Nationen, die noch dem Namen nach katholisch sind, und die Kirche legt ihren mittelalterlichen Charakter als die Mutter der Völker ab und kehrt wieder in ihren ursprünglichen Zustand als eine Gesellschaft von Gliedern zurück, die unter die Völker und Städte der Welt zerstreut sind.

Das andere Resultat, das ich als die Folge der späteren Wirkungen des häretischen Geistes anführte, ist die Vergötterung der Menschheit. Dies haben wir in zwei deutlichen Gestalten vor uns, nämlich in der pantheistischen und in der positiven Philosophie, der letzten Verirrung Comte's.

Es wäre hier unmöglich, einen vollkommenen Nachweis über diese zwei Schlußentwicklungen des Unglaubens zu geben; dazu würde eine Abhandlung erforderlich sein. Es wird ausreichen, wenn ich in einer gemeinfasslichen Weise den Umriss dieser zwei Formen der antichristlichen Gottlosigkeit zeichne.

Ich entlehne die Schilderung des deutschen Pantheismus von zwei seiner neuesten Erklärer, in welchen er sozusagen seinen Höhepunkt erreicht. Es heißt daselbst: „Vor der Zeit, als die Schöpfung begann, können wir uns vorstellen, daß ein unendlicher Geist, ein unendliches Wesen oder ein unendlicher Gedanke (denn hier ist alles dies Eins), den ganzen Raum des Universums erfüllte. Dieses also, als das aus sich selbst existierende Eine, muß die einzige absolute Realität sein; alles Übrige kann nur eine Entwicklung des einen ursprünglichen und ewigen Wesens sein. Dieses Urwesen ist nicht eine unendliche Substanz, da es die zwei Eigenschaften der Ausdehnung und des Gedankens hat, sondern ein unendlicher, wirksamer, hervorbringender, sich selbst entwickelnder Geist, - die lebendige Weltseele. Wenn wir alle Dinge als die Entwicklung des ursprünglichen und absoluten Lebens-prinzips betrachten können, dann ist es umgekehrt offenbar, daß wir die Merkmale des Absoluten in jedem Dinge nachweisen können, das existiert, und daß wir demnach sie in der Wirksamkeit unseres eigenen Geistes als eine besondere Phase ihrer Manifestation zu verfolgen vermögen."

„In der praktischen Philosophie haben wir drei Bewegungen. Die erste ist jene, in welcher die tätige Intelligenz sich innerhalb eines begrenzten Umfanges wirksam zeigt, wie z.B. in dem einzelnen Geiste. Dies ist das Prinzip der Individualität, nicht als ob die unendliche Intelligenz etwas Verschiedenes wäre von

28

dem Endlichen oder als ob es eine unendliche Intelligenz gäbe außerhalb des Endlichen und getrennt davon, sondern es ist bloß das Absolute in einem seiner besonderen Momente, gerade wie ein individueller Gedanke nur ein einzelnes Moment des ganzen Geistes ist. Jede endliche Vernunft ist also nur ein Gedanke der unendlichen und ewigen Vernunft." Indem das absolute Wesen auf diese Art Alles ist, geht aller Unterschied zwischen Gott und dem Universum wahrhaft verloren, und der Pantheismus wird vollständig, „da das Absolute sich aus seiner niedersten Form zu der höchsten entwickelt, gemäß dem notwendigen Gesetze oder Rhythmus seines Wesens. Die ganze Welt, die materielle und geistige, wird eine ungeheure Kette der Notwendigkeit, an die sich keine Idee einer freien Schöpfung anknüpfen lässt."[1] Ferner: „Die Gottheit ist ein immer fortgehender aber niemals sich vollendender Prozess, ja das göttliche Bewußtsein ist absolut eins mit dem fortschreitenden Bewußtsein der Menschheit. Die Hoffnung der Unsterblichkeit geht zu Grunde; denn der Tod ist nur die Rückkehr des Individuums zu dem Unendlichen, und der Mensch wird vernichtet, obschon die Gottheit ewig leben wird." Ferner: „Die Gottheit ist der ewige Prozess der Selbstentwicklung, wie er sich in dem Menschen realisiert; das göttliche und menschliche Bewußtsein fällt notwendig zusammen. Die Kenntnis Gottes und seiner Äußerungen bildet den Gegenstand der spekulativen Theologie .... Von diesen Äußerungen gibt es drei große Sphären, die sich der Beobachtung darbieten, - die Natur, der Geist, und die Menschheit. In

---

[1] Siehe über die deutsche Schule: Schelling, Hegel und Hildebrand in Morell's Geschichte der neuern Philosophie Bd. II. S. 126-147.

der Natur sehen wir die göttliche Idee in ihrem niedersten Ausdruck; im Geiste mit seinen Kräften, Fähigkeiten, moralischen Gefühlen, mit seiner Freiheit, sehen wir sie in ihrer höheren und vollkommeneren Form; endlich in der Menschheit sehen wir Gott nicht nur als Schöpfer und Erhalter, sondern auch als Vater und Führer." „Die Seele ist ein vollkommener Spiegel des Universums, und wir haben nur mit ernster Aufmerksamkeit in denselben hineinzublicken, um alle Wahrheit zu entdecken, die der Menschheit zugänglich ist. Was wir daher von Gott erkennen, kann nur das sein, was uns ursprünglich in unserm eigenen Geiste von ihm geoffenbart ist." Ich habe diese Auszüge gegeben, um die ganz richtige Auflösung des subjektiven Systems der Privatansicht in den reinen rationalistischen Pantheismus zu zeigen.

Mit einigen Worten über den Positivismus Comte's will ich schließen. Damit ich diese Form von Geistesverirrung nicht zu verdrehen und zu entstellen scheine, will ich sie mit den eigenen Worten des Verfassers anführen.

Erstens also beschreibt er die positive Philosophie wie folgt:

„Aus dem Studium der Entwicklung der menschlichen Intelligenz nach allen Richtungen und durch alle Zeiten ergibt sich die Entdeckung eines großen Fundamentalgesetzes, welchem sie notwendig unterworfen ist, und welches eine solide probeforte Grundlage hat sowohl in den Tatsachen unserer Organisation als in unserer historischen Erfahrung. Das

Gesetz ist folgendes: Jeder unserer Hauptbegriffe, jeder Zweig unserer Erkenntnis durchgeht der Reihe nach drei verschiedene theoretische Zustände: den theologischen, den metaphysischen oder abstrakten und den wissenschaftlichen oder positiven. Mit andern Worten, der menschliche Geist wendet vermöge seiner Natur in seinem Fortgange drei Methoden des Philosophierens an, deren Charakter wesentlich verschieden und sogar radikal entgegengesetzt ist, nämlich die theologische Methode, die metaphysische und die positive. Daraus entstehen drei Philosophien oder allgemeine Begriffssysteme in Betreff der Summe der Phänomene, von denen jedes System die andern ausschließt. Das erste ist der notwendige Ausgangspunkt des menschlichen Verstandes, und das dritte ist sein fixierter und bestimmter Zustand. Das zweite ist bloß ein Übergangszustand.

„In dem theologischen Zustande untersucht der menschliche Geist die wesentliche Natur der Dinge, die ersten und Endursachen (den Ursprung und Zweck) aller Wirkungen, kurz die absolute Erkenntnis, und nimmt an, daß alle Phänomene durch die unmittelbare Tätigkeit übernatürlicher Wesen hervorgebracht werden.

„In dem metaphysischen Zustande, der nur eine Modifikation des ersten ist, denkt sich der Geist statt übernatürlicher Wesen abstrakte Kräfte, wahrhafte Wesenheiten (d.h. personifizierte Abstraktionen), die allen Dingen inhärieren und fähig sind, alle Phänomene hervorzubringen. Was die Erklärung der Phänomene heißt, ist auf dieser Stufe eine bloße Beziehung eines jeden auf seine eigentümliche Wesenheit.

„In dem positiven Zustande endlich hat der Geist das Suchen nach absoluten Begriffen, nach dem Ursprung und der Bestimmung des Universums und den Ursachen der Phänomene aufgegeben und wendet sich zu dem Studium ihrer Gesetze, d.h. ihrer unveränderlichen Verhältnisse der Aufeinanderfolge und Ähnlichkeit. Raisonnement und Beobachtung, gehörig miteinander verbunden, sind die Mittel dieser Erkenntnis. Was nun verstanden wird, wenn wir von der Erklärung der Tatsachen sprechen, ist einfach die Herstellung eines Zusammenhanges zwischen einzelnen Phänomenen und einigen allgemeinen Tatsachen, deren Zahl beständig abnimmt mit dem Fortschritt der Wissenschaft."[1]

Daraus wird man bemerken, daß der Glaube an Gott in die erste oder theologische Periode der menschlichen Vernunft übergegangen ist. Demungeachtet sah Comte nach der Vollendung seiner Philosophie die Notwendigkeit einer Religion ein. Daher der Katechismus der positiven Religion, welcher so beginnt: „Im Namen der Vergangenheit und der Zukunft treten die Diener der Menschheit, sowohl ihre philosophischen als praktischen Diener, auf, um die allgemeine Leitung dieser Welt als ihr Recht anzusprechen. Ihr Zweck ist, endlich eine wirkliche Vorsehung in allen Gebieten, in dem moralischen, intellektuellen und materiellen einzusetzen. Demgemäß schließen sie ein für alle Mal von dem politischen

---

[1] Positive Philosophie Bd. 1. c. 1.

Supremat alle die verschiedenen Diener Gottes, die Katholiken, Protestanten oder Deisten, aus, da sie sowohl hinter ihnen stehen als auch eine Ursache der Störung sind." [1]

Aber insofern es keine Religion geben kann ohne Kultus und keinen Kultus ohne Gott und insofern es keinen Gott gibt, mußte Comte eine Gottheit finden oder schaffen. Da es aber keinen Gott gibt, so kann es kein höheres Wesen geben als den Menschen und keinen höheren Gegenstand des Kultus als die Menschheit. Die imaginären Wesen, welche die Religion vorläufig zu ihren Zwecken einführte, waren im Stande, dem Menschen lebhafte Gefühle einzuflößen, - Gefühle, welche sogar höchst mächtig waren unter dem am wenigsten ausgebildetsten unter den erdichteten Systemen: Die unermessliche wissenschaftliche Vorbereitung, die als Einleitung zu dem Positivismus erforderlich war, schien denselben lange Zeit einer so wertvollen Fähigkeit zu berauben. Solange die philosophische Vorbereitung nur die Ordnung der materiellen Welt umfaßte, ja sogar nachdem sie sich auf die Ordnung der lebendigen Wesen ausgedehnt hatte, konnte sie nur Gesetze offenbaren, die für unsere Tätigkeit unumgänglich notwendig waren; sie konnte uns keinen unmittelbaren Gegenstand für eine dauernde und beständige Neigung bieten. Dies ist nicht länger der Fall seit der Vollendung unserer allmählichen Vorbereitung durch die Einführung in das besondere Studium der Ordnung der menschlichen Existenz entweder als Individuum oder als Gesellschaft.

---

[1] Katechismus der positiven Religion, Vorrede.

Dies ist die letzte Stufe in dem Prozess. Wir sind nun im Stande, das Ganze unserer positiven Begriffe in die einzige Idee eines unermesslichen und ewigen Wesens, in die Idee der Menschheit zu kondensieren, die durch soziologische Gesetze zu einer beständigen Entwicklung bestimmt ist unter dem vorwiegenden Einfluss biologischer und kosmologischer Notwendigkeiten. Dies, das reale große Wesen, von welchem alle, Individuen oder Gesellschaften, als dem Hauptagens ihrer Existenz, abhängen, wird der Mittelpunkt unserer Gefühle. Sie ruhen auf ihm vermöge eines so natürlichen Impulses wie unsere Gedanken und unsere Handlungen. Dieses Wesen bringt schon vermöge seiner Idee sogleich auf die geheiligte Formel des Positivismus: „Liebe als unser Prinzip, Ordnung als unsere Basis und Fortschritt als unser Endzweck. Seine zusammengesetzte Existenz gründet sich immer auf die freie Konkurrenz unabhängiger Willen. Alle Zwietracht strebt dahin, jene Existenz aufzulösen, die schon vermöge ihres Begriffes das beständige Vorherrschen des Herzens über den Verstand als die alleinige Grundlage unserer wahren Einheit sanktioniert. So findet hinfort die ganze Ordnung der Dinge ihren Ausdruck in dem Wesen, das sie studiert und das sie immer vervollkommnet. Der Kampf der Menschheit gegen die vereinigten Einflüsse der Notwendigkeiten, denen sie gehorchen muß, bietet, während er an Energie und Erfolg immer zunimmt, dem Herzen ebenso wie dem Verstande einen besseren Gegenstand der Betrachtung als die launenhafte Allmacht seines theologischen Vorläufers; ich sage launenhaft, weil dies in der Bedeutung des Wortes Allmacht liegt. Ein solches höchstes Wesen ist mehr in dem Bereiche unserer Gefühle sowohl als unserer Begriffe; denn es ist identisch seiner Natur nach mit seinen Dienern, während es zugleich über ihnen steht."

„Ihr müsset die Menschheit definieren als das Ganze der menschlichen Wesen, der vergangenen, gegenwärtigen und künftigen. Das Wort: „das Ganze" deutet klar darauf hin, daß ihr nicht alle Menschen darin aufnehmen dürfet, sondern nur solche, die wirklich einer Assimilation fähig sind kraft einer wirklichen Mitwirkung von ihrer Seite in Förderung des gemeinen Besten. Alle sind notwendig geborene Kinder der Menschheit, aber nicht alle werden ihre Diener. Viele bleiben in dem parasitischen Zustande, der während ihrer Erziehung entschuldbar, aber tadelnswürdig ist, wenn jene Erziehung vollendet ist. Zeiten der Anarchie bringen in Schwärmen solche Geschöpfe hervor, ja sie können darin sogar zur Blüte gedeihen, obwohl sie in Wahrheit leider nur Lasten für das wahre große Wesen sind.[1]

Man wird bemerken, daß sowohl der Pantheismus als der Positivismus gleichmäßig in die Vergötterung des Menschen auslaufen; sie sind ein grenzenloser Egoismus und eine Apotheose des menschlichen Hochmutes. Ich werde nicht weiter bei diesem Punkte verweilen und erwähne ihn nur, weil ich später darauf zurückkommen muß.

Ich will nun kurz zusammenfassen, was ich gesagt habe.

---

[1] Katechismus der positiven Religion, S. 63 u. 74.

Wir sehen, daß es vorausgesagt ist, daß vor dem Auftreten des letzten großen Widersachers Gottes und seines fleischgewordenen Sohnes eine Empörung und ein Abfall sein müsse; wir haben gesehen, daß die Autorität, gegen welche die Empörung gerichtet sein soll, die der Kirche Gottes ist und daß es eine Empörung sein wird, welche die drei Merkmale des Schismas, der Häresie und der Leugnung der Menschwerdung an sich trägt. Wir sehen auch, daß diese antichristliche Bewegung schon in den Tagen der Apostel wirksam war; daß sie immer seitdem auf mancherlei Weisen und zu verschiedenen Zeiten wirkte und sich auf die verschiedenste und sogar widersprechendste Art entwickelte, aber daß es dem ungeachtet immer eine und dieselbe war, identisch nach dem Prinzip und nach der Feindschaft gegen die Menschwerdung und die Kirche.

Sie hat sich an den Hochmut der Regierungen angehängt durch den Nationalitätsschwindel und der Individuen durch die Philosophie und sich unter den Gestalten des Protestantismus und der Zivilisation zu einer ungeheuren antikatholischen Macht im Osten, Norden und Westen Europas organisiert. Natürlich stellen die Katholiken und Antikatholiken die zwei Heerlager dar. Ich muß leider hinzusetzen: die Christen und die Antichristen, und dies ist einer meiner Zwecke bei Behandlung des vor uns liegenden Gegenstandes; denn ich bin überzeugt, daß eine Menge Menschen, ohne zu wissen, wohin sie gehen, durch eine Bewegung fortgerissen werden, die allen ihren besten und tiefsten Überzeugungen wesentlich entgegengesetzt ist, weil sie ihren wirklichen letzten Grund und ihren eigentlichen Charakter nicht unterscheiden können.

In dem gegenwärtigen Geschrei Europas gegen den Heiligen Stuhl und den Statthalter Jesu Christi lässt sich der antichristliche Instinkt erkennen. Die Revolutionen in Italien, die sich auf den antikatholischen Geist des Kontinentes und auf die Politik Englands stützen, erfüllen die Weissagungen und bestätigen unsern Glauben. Allein dies hoffe ich nachher vollständiger zu zeigen. Es scheint unvermeidlich, daß die Feindschaft aller Völker, die sich von der katholischen Einheit getrennt haben und von dem Geiste der Reformation durchdrungen sind, d.h. von dem Geiste des Privaturteils im Gegensatze zu der göttlichen Stimme der lebendigen Kirche, und von dem Unglauben, welcher die eucharistische Gegenwart des fleischgewordenen Wortes verbannte, sich auf die Person konzentrieren muß, welche der Statthalter und Repräsentant Jesu ist, und auf den Leib, der allein für die Menschwerdung und für alle ihre Geheimnisse der Wahrheit und Gnade Zeugnis gibt. Dies ist aber die eine heilige und römische Kirche, und der Papst ist ihr sichtbares Haupt. Dies sind nach den Worten der Heiligen Schrift die beiden Geheimnisse der Gottseligkeit und der Bosheit. Alle Dinge stellen die zwei höchsten Gewalten, welche die Geschicke der Menschheit teilen, in ein klares Licht. Der Streit ist ein einfacher Kampf zwischen Christus und dem Antichrist, die beiden Heere sind in Schlachtordnung aufgestellt, und die Menschen wählen ihre Prinzipien oder die Ereignisse treffen für sie die Wahl und sie geraten unbewusst in Strömungen, die sie nicht gewahr werden. Die Theorie, daß die Politik und Religion verschiedene Sphären haben, ist Täuschung und Trug. Denn die Geschichte kann nur in dem Lichte des Glaubens wahrhaft verstanden und die Gegenwart nur im Lichte der Offenbarung gedeutet werden; denn über den menschlichen Willen, die jetzt im Streite liegen, steht ein allherrschender und göttlicher Wille, der alle Dinge so leitet, daß sein eigener vollkommener Endzweck erfüllt wird.

ZWEITE VORLESUNG

So verhält es sich also mit der Empörung, die seit achtzehnhundert Jahren Kräfte sammelte und für die Stunde heranreifte, wo sie ihren Leiter und ihr Oberhaupt empfangen soll. Die von antikatholischen Schriftstellern allgemein angenommene Auslegung, wonach erstens der Antichrist für einen Geist oder für ein System gehalten wird und nicht für eine Person, und sodann für die katholische oder römische Kirche oder für den Statthalter des fleischgewordenen Wortes ist ein Meisterzug des Betrugs. Sie schwächt alle Furcht, flößt Eigendünkel und Vertrauen ein und richtet die Aufmerksamkeit der Menschen darauf, nach den Zeichen seiner Erscheinung überall sich umzusehen, nur nicht da, wo sie zu sehen sind, und lenkt sie von der Seite ab, wo sie bereits sichtbar sind.

Nun aber nehme ich keinen Anstand zu behaupten, daß unter allen Prophezeiungen der Offenbarung es nicht eine einzige gibt, die sich auf die Ankunft Christi klarer und ausdrücklicher bezieht als jene, die auf die Ankunft des Antichristen Bezug haben.

1. Er wird mit allen Eigenschaften einer Person beschrieben. In jener Stelle nennt der heilige Paulus ihn jenen Bösewicht, *ὁ ἄνομος, ille iniquus,* den Mann der Sünde *ἄντρωπος τῆς ἁμαρτίας, homo peccati,* und den Sohn des Verderbens, *υἱὸς τῆς ἀπωλείας.* Und der heilige

Johannes spricht an vier Stellen von ihm als dem Antichrist. Die Persönlichkeit des Antichristen leugnen heißt daher, das klare Zeugnis der Heiligen Schrift leugnen und diese persönlichen Ausdrücke und Titel, als von einem System oder Geist gebraucht, wegerklären wollen, ist ebenso rationalistisch als die Gottlosigkeit des Strauß, wenn er den historischen, d.h. den persönlichen Christus leugnet.

Es ist ein Gesetz der Heiligen Schrift, daß wenn von Personen prophezeit wird, Personen erscheinen; dahin gehören die Prophezeiungen des heiligen Johann Baptist oder der seligsten Jungfrau oder unseres Herrn selbst. Alle Väter sowohl des Morgen- als des Abendlandes, der heilige Irenäus, der heilige Cyprian, der heilige Hieronymus, der heilige Ambrosius, der heilige Cyrillus von Jerusalem, der heilige Gregor von Nazianz, der heilige Johannes Chrysostomus, Theophylaktus, Oekumenius, - alle beziehen diese Stellen auf einen buchstäblichen und persönlichen Antichrist. Die moderne Auslegung ist häretisch, durch Kontroversen hervorgerufen, und nicht durch Vernunftgründe haltbar. Dieses phantastische System, voll von Widersprüchen, ist sogar von protestantischen Schriftstellern genugsam widerlegt worden, so z. B. von Todd in seinem Werke über den Antichrist, einem gelehrten Buche, obwohl durch die Überbleibsel protestantischer Vorurteile etwas entstellt, von Greswell in seiner Erklärung der Parabeln und von Maitland über Daniel und den heiligen Johannes. In Deutschland wird es selbst unter protestantischen Auslegern als eine Verzichtleistung auf den Charakter eines biblischen Gelehrten angesehen, wenn man die antikatholische Auslegung festhält. Die

Protestanten Englands sind noch, wie sie immer waren, die am wenigsten gebildeten und vernünftigen. Es ist allerdings wahr, daß der Antichrist viele Vorläufer gehabt hat und noch haben mag, wie auch Christus selbst sie hatte. Wie Isaak, Moses, Josue, David, Jeremias Vorbilder des einen waren, so sind Antiochus, Julian, Arius, Mohamed und viele andere die Vorbilder des andern; denn Personen werden als Vorbilder von Personen gebraucht. Wie ferner Christus das Haupt und der Repräsentant ist, in welchem das ganze Geheimnis der Gottseligkeit kurz zusammengefaßt ist, ebenso wird auch das ganze Geheimnis der Bosheit seinen Ausdruck und sein Haupt in der Person des Antichrist finden. Er mag allerdings einen Geist und ein System darstellen, aber ist darum nichtsdestoweniger eine Person. So sprechen auch die Theologen. Bellarmin sagt: „Alle Katholiken behaupten, daß der Antichrist eine einzige individuelle Person sein wird."[1] Lessius sagt: „Alle stimmen in der Lehre überein, daß der eigentliche Antichrist nur eine einzige Person sein wird, nicht viele."[2] Suarez geht so weit, zu behaupten, daß diese Lehre von dem persönlichen Antichrist so gewiß ist wie ein Glaubensartikel.[3]

2. Sodann glaubten die Väter, daß der Antichrist von jüdischem Stamme sein werde. Dies war die Meinung des heiligen Irenäus, des heiligen Hieronymus und des Verfassers von dem Werk *De Consummatione Mundi,* welches dem heiligen Hippolyt zugeschrieben wird, und des Verfassers eines Kommentars über den Brief an die

---

[1] Bellarm. De Summo Pontif. Lib. III. c. 2.
[2] De Antichristo Tertia Dem.
[3] In III. p. D. Thomae, Disp. 54.

Thessalonicher, welchen der heilige Ambrosius verfasst haben soll, und vieler anderer, die noch hinzusetzen, daß er aus dem Stamme Dan sein werde, wie z. B. der heilige Gregor der Große, Theodoret, Aretas von Cäsarea und viele andere. Dies ist auch die Meinung Bellarmins, der behauptet, es sei gewiß. Lessius sagt, daß die Väter mit Einstimmigkeit als unzweifelhaft lehren, der Antichrist werde ein Jude sein. Ribera wiederholt diese Ansicht und fügt hinzu, daß Aretas, der heilige Beda, Haymo, der heilige Anselm und Rupertus behaupten, aus diesem Grunde werde der Stamm Dan nicht unter diejenigen gerechnet, die in der Apokalypse versiegelt sind. Viegas sagt dasselbe, indem er andere Gewährsmänner anführt. Dies wird sich auch als wahrscheinlich ergeben, wenn wir erwägen, daß der Antichrist kommen wird, um die Juden zu täuschen nach der Weissagung unseres Herrn: „Ich bin in meines Vaters Namen gekommen, und ihr nehmet mich nicht auf; ein anderer wird in seinem eigenen Namen kommen, den werdet ihr aufnehmen," welche Worte von den Vätern einstimmig auf den falschen Messias gedeutet werden, der sich bei den Juden als den wahren Messias ausgeben wird.

Und dies ist ferner die einstimmige Auslegung der Väter, sowohl der morgen- als der abendländischen, z. B. des heiligen Cyrillus von Jerusalem, des heiligen Ephräm, des heiligen Gregor von Nazianz, des heiligen Gregor von Nyssa, des heiligen Johannes Damascenus und auch des heiligen Irenäus, des heiligen Cyprian, des heiligen Hieronymus, des heiligen Ambrosius und des heiligen Augustin. Die Wahrscheinlichkeit dieser Meinung wird sich auch zeigen, wenn wir weiter erwägen, daß einem falschen Christus die erste

Bedingung des Erfolges fehlen würde, wenn er nicht aus dem Hause Davids wäre; daß die Juden nach seiner Ankunft harren; daß sie sich für die Täuschung empfänglich gemacht haben durch die Kreuzigung des wahren Messias, und daher kommt es, daß die Väter von dem wahren Messias und dem falschen die Worte des heiligen Paulus an die Thessalonicher auslegen: „Weil sie die Liebe der Wahrheit nicht angenommen haben, um selig zu werden, deshalb wird Gott den Irrtum auf sie wirksam sein lassen, so daß sie der Lüge glauben."[1]

Nun aber halte ich dafür, daß niemand die Zerstreuung und providentielle Erhaltung der Juden unter allen Nationen der Welt, die unzerstörbare Lebenskraft ihrer Rasse betrachten könne, ohne zu glauben, daß sie für irgendeinen künftigen Akt seines Gerichtes und seiner Gnade aufbewahrt sind. Dies wird wiederholt im Neuen Testamente vorausgesagt, z. B. in den Briefen an die Römer und an die Korinther.

3. Daraus entnehmen wir einen dritten Charakter des Antichrist, daß er nicht bloß der Widersacher, sondern der Stellvertreter und Rivale des wahren Messias sein wird, und dies wird noch wahrscheinlicher gemacht durch den Umstand, daß der Messias, welcher von den Juden erwartet wird, immer ein weltlicher Befreier, der Wiederhersteller ihrer weltlichen Macht, oder mit andern Worten, ein politischer und kriegerischer Fürst gewesen ist. Es ist auch klar, daß wer immer künftig sie in dem angenommenen Charakter ihres Messias täuschen mag, dadurch die Menschwerdung leugnen

---

[1] 2 Thess 2, 10.

muß, was für einen Anspruch auf einen übernatürlichen Charakter er für sich etwa vorbringt. In seiner eigenen Person wird er eine vollständige Leugnung des ganzen christlichen Glaubens und der Kirche sein; denn wenn er der wahre Messias wäre, so müßte der Christus der Christen ein falscher sein.

Wir machen uns vielleicht keinen hinreichenden Begriff davon, was für eine gewöhnliche und historische Person ein solcher Betrüger sein mag. Wir sind von der Idee und Erscheinung des wahren Messias in der Glorie seiner Gottheit und Menschheit, seiner göttlichen Handlungen, seines Leidens, seiner Auferstehung und Himmelfahrt und seiner königlichen Gewalt über die Welt und die Kirche so eingenommen, daß wir uns nicht zu denken vermögen, wie irgendein falscher Christus als der wahre aufgenommen werden könnte. Aus diesem Grunde hat unser Herr von diesen letzten Zeiten gesagt: „Es werden falsche Christi und falsche Propheten aufstehen, so daß auch die Auserwählten, wenn es möglich wäre, in Irrtum geführt würden;"[1] das heißt, sie werden nicht getäuscht werden, aber solche, die den Glauben an die Menschwerdung verloren haben, z. B. die Nationalisten und Pantheisten, können wohl durch irgend eine Person von großer politischer Macht getäuscht werden, der die Juden wieder in ihr Land einsetzte und Jerusalem noch einmal mit den Söhnen der Patriarchen bevölkerte. Auch macht nichts in der politischen Lage der Welt eine solche Kombination unmöglich; ja der Zustand Syriens und der Drang der europäischen Diplomatik, der beständig ostwärts

---

[1] Mt 24, 24.

gerichtet ist, geben einem solchen Ereignis eine gegründete Wahrscheinlichkeit.

4. Allein die Weissagungen schreiben der Person des Antichristen einen mehr widernatürlichen Charakter zu. Er wird beschrieben als einer, der falsche Wunder tut, „dessen Ankunft geschieht gemäß der Wirkung des Satans mit allerlei Kraft, Zeichen und falschen Wundern und mit allerlei Verführung zur Bosheit für die, welche verloren gehen."[1]

Hier muß ich eine wunderbare Veränderung bemerken, die mit der Welt vorgegangen ist. Noch vor fünfzig Jahren verlachten diejenigen, welche das Christentum verwarfen, einen Glauben an Zauberei als Aberglauben und an Wunder als Torheit. Aber jetzt ist die Welt selbst über den Glauben der Christen durch ihre Leichtgläubigkeit hinausgegangen. Europa und Amerika sind überschwemmt von dem Spiritualismus. Ich weiß nicht, wie viele hunderte und tausende von Bindegliedern zwischen uns und der unsichtbaren Welt vorhanden sind. Gerade jene, die die Hexe von Endor, oder Elymas, den Zauberer, nicht ohne Gespötte vorübergehen lassen würden, glauben an das Tischrücken und Tischklopfen, an das Hellsehen und an die Mitteilungen von Geistern, die aus der unsichtbaren Welt beschworen werden, an Geisterschreiben, an die Fähigkeit, durch die Luft hindurch den Ort zu verändern, und an die Erscheinung von Händen und selbst von Personen. Die Offenbarung von dem Zustande der Toten, von Geheimnissen unter

---

[1] 2 Thess 2, 9. 10.

Lebendigen, längere und wiederholte Unterredungen mit den Abgeschiedenen werden nicht nur geglaubt, sondern beständig und fast täglich geübt. Es ist übrigens nicht meine Absicht, wenigstens jetzt nicht, diese Erscheinungen näher zu würdigen. Es genügt, wenn wir sagen, daß uns, die wir an eine unsichtbare Welt und an die Gegenwart und den Kampf von Geistern, guten und bösen, glauben, dergleichen Dinge keine Schwierigkeit darbieten. Wir sind nicht geneigt, ihre Wirklichkeit zu leugnen, wegen des Truges oder der Täuschung, die sich an sie anhängen. Sie sind gerade das, was die Kirche immer verdammte und verbot unter dem Namen Zauberei, in welcher sich eine wirkliche widernatürliche Wirksamkeit zeigt, verbunden mit vielem Truge. Ich verweile bei diesem Punkte, weil es gewiß ist, daß wir von einer übernatürlichen Ordnung umgeben sind, die zum Teil göttlich und zum Teil teuflisch ist. Es ist nicht zu verwundern, daß, wer die göttliche übernatürliche Ordnung verwirft, überaus leicht an die teuflische glaubt. Darin haben wir aber bereits eine Vorbereitung auf die Täuschung, von welcher der heilige Paulus schreibt. Die Zeit ist reif für eine Täuschung. Sie will die Wunder der Heiligen nicht glauben, trinkt aber in Fülle die Erscheinungen des Spiritualismus hinunter. Ein erfolgreiches Medium könnte sich ganz gut durch seine widernatürlichen Gaben als den verheißenen Messias ausgeben, und Zeichen und falsche Wunder könnten in Überfluss gewirkt werden durch die Agentien, welche bereits in der Welt zerstreut sind.

5. Das letzte charakteristische Merkmal, von dem ich sprechen will, ist vielleicht schwieriger zu begreifen. Der heilige Paulus spricht von „dem Manne der Sünde",

„von dem Sohn des Verderbens", der sich widersetzt und sich erhebt über Alles, was Gott heißt oder göttlich verehrt wird, so daß er sich in den Tempel Gottes setzt und sich für Gott ausgibt."[1] Diese Worte werden von den Vätern so ausgelegt, daß er göttliche Ehren ansprechen werde, und zwar in dem Tempel von Jerusalem. Der heilige Irenäus sagt, daß der Antichrist als ein Apostat und Räuber den Anspruch erheben werde, als Gott angebetet zu werden, und daß er versuchen werde, sich als Gott zu zeigen;"[2] Lactantius: „daß er sich Gott nennen werde."[3] Der Schriftsteller unter dem Namen des heiligen Ambrosius sagt: „Er wird behaupten, daß er Gott sei;" der heilige Hieronymus: „Er wird sich Gott nennen und verlangen, von allen angebetet zu werden;"[4] der heilige Johannes Chrysostomus: „Er wird sich für den Gott aller ausgeben, sich Gott nennen und als solchen darstellen."[5] Ebenso äußern sich auch Theodoret, Theophylaktus, Oekumenius, der heilige Anselm und viele andere.

Suarez sagt bei Erklärung dieser Stelle: „Es ist wahrscheinlich, daß der Antichrist keineswegs selbst glauben werde, was er andere zu glauben lehren wird. Denn wenn er gleich im Anfange die Juden überzeugen mag, daß er der Messias und von Gott gesandt ist, und vielleicht zu glauben vorgibt, daß das Gesetz Mosis wahr sei und beobachtet werden müsse, so wird er doch alles dies aus Heuchelei tun, um sie zu täuschen und die

---

[1] 2 Thess 2, 4.
[2] St. Iren. lib. 5, 29.
[3] Lact. De divin. Institut. lib. VII. c. 17.
[4] St. Hieron. In Zach. c. 11.
[5] St. Joan. Chrys. in St. Joan. Hom. 40.

höchste Gewalt zu erlangen. Denn später wird er das Gesetz Mosis verwerfen und den wahren Gott leugnen, der es gab. Aus diesem Grunde glauben viele, daß er aus List den Götzendienst zerstören werde, um die Juden zu betrügen. Wie groß seine Treulosigkeit sein wird und was er wirklich über Gott glauben wird, das können wir nicht mutmaßen. Aber es ist wahrscheinlich, daß er ein Atheist sein, sowohl die Belohnung als die Strafe im andern Leben leugnen, und nur das widernatürliche Wesen verehren wird, von dem er die Kunst des Betruges gelernt und seine Reichtümer gewonnen hat, durch welche Schätze er die höchste Gewalt erlangt." [1]

Es ist aber leicht einzusehen, wie er sich Gott entgegensetzen werde, als der Widersacher Christi, und wie er sich über alles erheben wird, was Gott heißt und angebetet wird, weil er sich, indem er den wahren Messias nachahmt, an die Stelle des menschgewordenen Gottes setzt. Auch ist es nicht schwer einzusehen, wie diejenigen, welche die wahre und göttliche Idee des Messias verloren haben, einen falschen annehmen können, und geblendet von der Größe politischer und kriegerischer Erfolge und aufgeblasen von den pantheistischen und socinianischen Begriffen von der Würde des Menschen, der Person des Antichrist die Ehre zollen können, welche die Christen dem wahren Messias erweisen. Ich habe dies berührt, weil der heilige Paulus es in der Beschreibung des Antichrist besonders hervorhebt und weil die Tendenz des Unglaubens, welcher in der Welt in dem Maße zunimmt, als der Glaube

---

[1] Suarez in III. p. St. Thomae.

abnimmt, die Menschen sichtbar zur Täuschung vorbereitet.

Es ist eine der wunderbarsten Auslegungen der Väter, daß am Ende der Welt das Heidentum werde wiederhergestellt werden. Dies wenigstens hätten wir für unmöglich halten sollen, wenn auch aus keinem andern Grunde, so doch wenigstens wegen der vollen Blüte des modernen Unglaubens, und doch war der Unglaube niemals herrschender als zur Zeit, da in der ersten Französischen Revolution die Offenbarung für erlogen erklärt und der Kult der Vernunft und der Ceres an ihre Stelle gesetzt wurde. In der Tat, wenn die höher Gebildeten Pantheisten werden, so werden die Einfältigen bald Polytheisten sein. Sie bedürfen einer sinnlicheren Vorstellung als die feingebildeten Ungläubigen und geben dem Objekte ihrer Anbetung zuerst in Gedanken und dann in der Form eine Persönlichkeit und einen Leib. Und was ist dies anders als einfaches und nacktes Heidentum? Allein darauf kann ich nicht näher eingehen. In dem zweiten Hefte von Gaumés Werk über die Französische Revolution, namentlich in dem 12., 13., 14. Kapitel wird man einen ausführlichen Bericht über das Heidentum vor fünfzig Jahren finden, und in dem Katechismus der positiven Religion wird man unter dem Hauptstücke „über öffentlichen und Privatgottesdienst" ein vollständiges Bekenntnis eines religiösen Kultus an die Menschheit gerichtet sehen, - an den Gesamtkörper vergötterter Menschen, was die natürliche Unterlage der Religion des alten Griechenlands und Roms ist.

Ich sage aber nicht, daß es nicht weit erstaunlichere und widernatürlichere Phänomene über die Manifestation und Person des Antichristen geben könnte. Die ganze Geschichte würde uns darauf führen, dies zu erwarten, alle Prophezeiungen scheinen es vorauszusagen: „die großen Perioden der göttlichen Wirksamkeit in der Welt deuten es zum Voraus an. Mein Zweck war nicht, die Zukunft des Übernatürlichen zu entkleiden, sondern zu zeigen, wie das Übernatürliche sich in den gewöhnlichen Lauf der Welt einmischt und uns, sozusagen, beschleicht, ohne daß wir es gewahr werden. „Das Reich Gottes kommt ohne Aufsehen;" es ist mitten unter uns in voller Gegenwart und Macht unter äußern Verhältnissen, die uns gewöhnlich scheinen, und im Laufe menschlicher Handlungen, unter den nationalen Bewegungen, in der Politik der Regierungen und in der Diplomatik der Welt nicht bemerkt werden. Wie Christus bei seiner Ankunft für den Zimmermannssohn gehalten wurde, so kann der Antichrist sichtbar nichts weiter sein als ein glücklicher Abenteurer. Selbst sein widernatürlicher Charakter kann entweder als Äußerung des Wahnsinns angesehen werden oder als Täuschung seiner Anhänger und Schmeichler gelten. So verblendet die Welt ihre eigenen Augen durch den Nebel ihres geistigen Hochmuts. Es steht gar nicht im Widerspruch mit dem Charakter des neunzehnten Jahrhunderts, daß eine Person aus jüdischem Stamme, naturalisiert bei einem der Völker Europas, als Beschützer der Juden aufstände, welche die Geldlieferanten und Journalisten der europäischen Revolutionen sind, begrüßt von ihnen als ihr Erlöser aus der sozialen und politischen Herrschaft der Christen, umgeben von den Phänomenen des antichristlichen und antikatholischen Spiritualismus und laut bekennend, entweder mehr als Moses oder Mohamed, das heißt, mehr als ein Mensch zu sein.

Denen, welche niemals die schließliche Einheit im Prinzip und in der Wirksamkeit der Wahrheit einerseits und der Lüge anderseits erkannt haben, mag es sonderbar vorkommen, wenn man einem Ereignis große Bedeutung beilegt, dessen Sphäre die jüdische Rasse zu sein scheint. Aber denjenigen, die glauben, daß die Welt in Christen und Antichristen oder Katholiken und Antikatholiken eingeteilt werden kann, oder mit anderen Worten in die natürliche Ordnung, die sich auf das bloß menschliche Wollen und Handeln gründet, und in die übernatürliche, die auf dem göttlichen Willen und auf der Menschwerdung Gottes beruht, wird es sogleich als die allerentschiedenste, ja sogar als die größte Lebensfrage erscheinen. Ich hoffe später zu zeigen, daß der Antagonismus zwischen zwei Personen auch ein Antagonismus zwischen zwei Gesellschaften ist und daß gleichwie unser göttlicher Herr das Haupt und der Repräsentant aller Wahrheit und Gerechtigkeit in der Welt von Anbeginn ist, ebenso der Antichrist das Haupt und der Repräsentant aller Lüge und alles Unrechtes sein wird, das sich seit achtzehnhundert Jahren in den Häresien, in den sozialen Unordnungen und politischen Revolutionen der antikatholischen Bewegung der Welt aufgehäuft hat.

So ist die große Tiefe beschaffen, auf welcher die christliche Gesellschaft der Welt jetzt ruht. Von Zeit zu Zeit hat sie sich mit einer widernatürlichen Macht emporgehoben und die christliche Ordnung Europas zittern und wanken gemacht. Dann schien sie sich wieder zur Ruhe niederzusenken. Aber niemandem mit scharfem Geistesblicke kann es entgehen, daß sie jetzt tiefer, mächtiger und weiterverbreitet ist als jemals. Daß diese antichristliche Macht eines Tages ihr Haupt finden und für einige Zeit in dieser Welt die Oberhand haben werde, ist aus der Prophezeiung gewiß. Allein dies kann nicht sein, bis „er, der aufhält," hinweggenommen sein wird. Dies jedoch ist unser nächster Gegenstand, und ich darf demselben hier nicht vorgreifen.

DRITTE VORLESUNG

Ehe ich auf unsern dritten Gegenstand eingehe, wollen wir uns an die zwei Punkte erinnern, die, wie ich hoffe, in dem bisher Gesagten ihre Begründung gefunden haben. Der erste ist, daß wir die Empörung oder den Abfall bereits bestätigt und geoffenbart sehen in der geistlichen Trennung von der Kirche und in dem Widerstande gegen ihre göttliche Autorität und ihre göttliche Stimme, welchen wir in Tätigkeit sahen von dem Tage an, an dem der Apostel sagte: „Das Geheimnis der Bosheit ist bereits wirksam," und wo der heilige Johannes erklärte, die Antichristen seien schon in die Welt ausgegangen. Der andere Punkt, den wir gesehen haben, ist der, daß der Mann der Sünde, der Sohn des Verderbens, der Bösewicht, eine Person ist, aller Wahrscheinlichkeit nach von jüdischer Abkunft; daß er ein betrügerischer Nachahmer des wahren Messias sein soll und demnach ein Antichrist in dem Sinne, daß er sich selbst an die Stelle des Wahren setzt, einer, der falsche Wunder wirkt, und für sich göttliche Verehrung anspricht.

Der dritte Punkt nun, über welchen ich zu sprechen habe, ist das Hindernis, welches seine Manifestation verzögert. Der Apostel sagt: „Das Geheimnis der Bosheit ist bereits wirksam, nur soll der, welcher jetzt aufhält, solange aufhalten, bis er hinweggeräumt ist." Wie es eine fortgesetzte Wirksamkeit dieses Geheimnisses der Bosheit gibt, so gibt es ein fortgesetztes Hindernis oder ein Bollwerk gegen ihre vollständige Kundgebung, und dieses wird fortdauern, bis es entfernt ist, und es ist eine bestimmte Zeit, wo es hinweg-genommen wird. Der heilige Paulus gebraucht in dieser Stelle zwei Ausdrücke. Er sagt: „das Hindernis, w e l c h e s aufhält und w e l c h e r aufhält." Er spricht darin wie von einem Dinge und wie von einer Person: τὸ κατέχον und ὁ κατέχων. Auf den ersten Anblick scheint eine Schwierigkeit zu sein, ob das, was die Offenbarung des Mannes der Sünde hindert, eine Person oder ein System ist; denn an der einen Stelle wird davon im Neutrum gesprochen als von einem System, an der andern im Maskulinum als von einer Person. Ich hoffe, in dem bisher Gesagten bereits eine Lösung für diese scheinbare Schwierigkeit gegeben zu haben. Ihr werdet euch erinnern, daß ich kurz eine Parallele zog zwischen den beiden Geheimnissen der Gottseligkeit und der Bosheit und zwischen ihren Häuptern. Dies ist in der Tat das Argument des heiligen Augustin, der die beiden Geheimnisse der Gottseligkeit und der Bosheit vom Anbeginn der Welt unter dem Bilde der zwei Städte darstellt, das heißt, den Geist Gottes und den Geist Satans, die beide mannigfaltig tätig sind entweder in den auserlesenen Dienern Gottes oder in den Feinden Gottes und seines Reiches. Und gerade wie das Geheimnis der Gottseligkeit kurz zusammen gefasst ist in der Person und in der Menschwerdung des Sohnes Gottes, so das Geheimnis der Bosheit in dem Manne der Sünde, der zu seiner Zeit geoffenbart werden wird. Ebenso wird man auch finden, daß das, was hindert, aber er, der hindert, beide ein System und eine Person ausdrücken und daß die Person und das System nach derselben Weise identifiziert sind wie die Beispiele, die ich bereits angeführt habe.

Zuerst wollen wir mehr im Einzelnen betrachten, was der Charakter des Bösewichts oder Antichrist ist, der kommen soll. Das von dem heiligen Paulus an dieser Stelle gebrauchte Wort bedeutet: der Gesetzlose, der ohne Gesetz ist, nicht dem Gesetze Gottes oder des Menschen unterworfen, dessen einziges Gesetz sein eigener Wille, dem die Zügellosigkeit seines eigenen Willens die alleinige Richtschnur ist, die er kennt oder welcher er gehorcht. Das griechische Wort ist ἄνομος, der Gesetzlose oder Zügellose. Nun enthält das Buch des Propheten Daniel eine Weissagung fast mit den nämlichen Ausdrücken, wo er voraussagt, daß in den letzten Zeiten der Welt ein König aufstehen werde, der nach seinem Gutdünken handeln, der sich über alles, was Gott heißt, erheben, der Reben ausstoßen wird gegen den Allerhöchsten.[1] Dies ist fast Wort für Wort die Prophezeiung, die uns beweist, daß der heilige Paulus die Weissagung Daniels buchstäblich anführte oder umschrieb. Insofern nun dieser Bösewicht ein gesetzloser Mensch sein soll, der Unordnung, Aufruhr, Empörung und Revolution sowohl in die weltliche als geistliche Ordnung der Welt einführen wird, muß das, was seine Entwicklung hindert und nach seiner Manifestation sein unmittelbarer Widersacher sein wird, notwendig das Prinzip der Ordnung, das Gesetz der Unterwerfung, die Autorität der Wahrheit und des Rechtes sein. Wir haben daher sozusagen ein Anzeichen bekommen, das uns in den Stand setzt, zu sehen, wo diese Person oder dieses System, welche die Offenbarung des Mannes der Sünde hindern oder zurückhalten, bis die Zeit gekommen sein wird, zu finden ist.

---

[1] Dan 7, 25.

Lasset uns also die Auslegungen der ältesten Väter über diesen Punkt untersuchen. Tertullian[1] glaubte, daß es das Römische Reich war. Die gewaltige Macht des heidnischen Roms, die sich über die ganze Welt verbreitete, war das große Prinzip der Ordnung, das damals die Ruhe der Welt erhielt. Lactantius,[2] welcher später schrieb, behauptete genau dieselbe Meinung und glaubte, daß der römische Kaiser, welcher die Völker der Welt beruhigte und ihnen Ordnung und Frieden gab, dadurch die Offenbarung dieses Gesetzlosen, dieses Mannes der Sünde, hinderte, und beide, Tertullian und Lactantius, schärften den Christen ihrer Zeit die Pflicht ein, für die Erhaltung des heidnischen Römerreiches zu beten, weil sie es für die materielle Schranke gegen den Einbruch der großen Flut des Bösen hielten, welche über die Welt kommen sollte, wenn Rom zerstört ist. Ebenso lehren auch der heilige Johannes Chrysostomus und andere. Eine andere Auslegung, die uns Theodoret, ein griechischer Schriftsteller, gibt, ist, daß es die Gnade des Heiligen Geistes oder die göttliche Macht sei, welche die Manifestation oder die Offenbarung des Mannes der Sünde zurückhalte.[3]

Andere Schriftsteller ferner sagen, daß es die apostolische Macht oder die Gegenwart der Apostel ist; denn, wie wir aus dieser Epistel an die Thessalonicher wissen, erwarteten die Christen eine baldige Offenbarung der Ankunft unseres Herrn zum Gerichte und daher eine baldige Manifestation des Mannes der Sünde,

---

[1] Tertull. de Resur. Carnis. c. 24.
[2] Divin Inst. VII. 25.
[3] Theod. In 2. Ep. ad Thess. c. 2, 6.

und sie glaubten, daß die Gegenwart der Apostel auf Erden durch ihr Zeugnis und durch ihre Wunder die volle Manifestation des Prinzips des Unglaubens und der geistigen Empörung hinderte. Diese drei Auslegungen sind alle zum Teil wahr, und alle stimmen vollkommen überein, und wir werden finden, daß sie zusammengenommen uns eine vollkommene Erklärung liefern; allein diese Schriftsteller, die in verschiedenen Perioden der Kirche schrieben, konnten die Prophezeiung nicht vollständig verstehen, weil die Ereignisse der Welt von einem Jahrhundert zum andern die Bedeutung dieser Voraussagungen beständig und fortschreitend erklären und auslegen.

1. Erstens also war die Macht des heidnischen Römerreiches unzweifelhaft die große Schranke gegen den Ausbruch des Geistes der gesetzlosen Unordnung; denn, wie wir wissen, war es das Prinzip der Einheit, wodurch die Nationen der Welt zusammengehalten wurden. Es organisierte und vereinigte sie unter der Autorität *einer* Gesetzgebung, *einer* mächtigen Exekutivgewalt und *einer* großen Herrschaft mit einer Gerichtsbarkeit, die aus *einer* Quelle entsprang, und von Gerichtshöfen über die ganze Welt hin verwaltet wurde. Der Friede der Völker wurde durch die Gegenwart stehender Heere erhalten; die römischen Legionen hielten den Umkreis der Welt besetzt. Die Heerstraßen, die von Rom aus gingen, durchzogen die ganze Erde; die ganze Welt wurde in Friede und in Ruhe erhalten durch die Allgegenwart dieses mächtigen heidnischen Reiches. „Es war überaus schrecklich" nach den Weissagungen Daniels; es war wie von Eisen, schlug nieder und unterjochte die Völker und hielt sie in Unterwürfigkeit

und gab dadurch wie mit einer eisernen Rute der Welt den Frieden. Es ist kein Zweifel, daß, solange das Römerreich in seiner Stärke bestand, es für das Prinzip der Revolution und Unordnung unmöglich war, die Oberhand zu gewinnen, und deshalb hatten diese ältesten christlichen Schriftsteller vollkommen recht, wenn sie als das Hindernis für diesen Geist der Gesetzlosigkeit den Geist der Ordnung, der Herrschaft und der Autorität und einer eisernen Gerechtigkeit erklärten, welche die Nationen der Welt regierte.

2. Aber es war zweitens nicht das Römische Reich oder Rom allein, sondern das Reich Gottes, das auf die Erde herabkam und sich von dem Tage des Pfingstfestes an im ganzen Umkreise des Römischen Reiches verbreitete, mit einer höheren Autorität als die Roms. Der heilige Leo gibt uns die Grundlage dieser Erklärung mit den Worten: „Damit die Wirkung dieser unaussprechlichen Gnade sich durch die ganze Welt ergießen möchte, bereitete er das Römische Reich vor, das sich bis zu den Grenzen ausdehnte, welche die ganze Völkerfamilie umschließen. Denn es war eine passende Vorbereitung für das von Gott angeordnete Werk, daß viele Königreiche in ein einziges Reich vereinigt würden, damit die allgemeine Predigt des Evangeliums schnell jene Völker durchdringen sollte, welche die Regierungsgewalt einer einzigen Stadt in der Einheit zusammenhielt." Der heilige Thomas, welcher bei dieser Stelle verweilt, sagt, daß das Römische Reich nicht aufgehört hat, sondern aus dem weltlichen in das geistliche verwandelt ist, *commutatum de temporali in*

spirituale.[1] Dominikus Soto ist derselben Ansicht.[2] Es war also die apostolische Kirche, welche unter alle Völker verbreitet, die bereits durch die Macht des heidnischen Römerreiches zusammengehalten wurden, sie mit einem neuen Leben beseelte, sie mit einem neuen Prinzip der Ordnung, mit einem neuen Geiste der Einheit durchdrang, und die Einheit der materiellen Kräfte heiligte und umwandelte, wodurch sie vereinigt waren. Sie gab ihnen einen Geist, ein Gesetz, einen Willen, ein Herz durch den Glauben, der den Verstand aller Völker erleuchtete, um Gott zu erkennen durch die Liebe, die sie zu der Einheit einer einzigen Familie zusammenband, durch die eine Quelle der Gerichtsbarkeit, welche aus unserm göttlichen Herrn entsprang und durch seine Apostel die ganze Erde regierte. Es war da die eine geistliche Gesetzgebung der Apostel und ihrer Nachfolger. Es waren Gerichtshöfe da, die neben den Tribunalen Roms saßen. Neben den Richterstühlen mit eiserner Gewalt waren die Richterstühle der göttlichen Barmherzigkeit aufgerichtet. Dieses neue Prinzip der Ordnung, der Autorität, der Unterwürfigkeit und des Friedens trat in diese Welt ein, bemächtigte sich sozusagen der materiellen Gewalt des alten Römischen Reiches und erfüllte es mit einem neuen Leben vom Himmel. Es war das Salz der Erde. Es verlängerte sein Dasein bis zu einer gewissen Periode, die in den Ratschlüssen Gottes vorhergesehen war. Es ist demnach vollkommen wahr, daß dieses Hindernis auch den Heiligen Geist bedeutet; denn die Kirche Gottes ist die Gegenwart des Heiligen Geistes, verkörpert und der

---

[1] In 2. Ep. ad Thess. in locum.
[2] In lib. 55. Sent. Distinct. 46.

Welt geoffenbart in dem sichtbaren Leibe derjenigen, die durch die Taufe in die Einheit der Kirche Christi aufgenommen sind.

3. Aber drittens sodann bedeutet es noch etwas mehr als dieses. Denn diese zwei großen Gewalten, die geistliche und die weltliche – die weltliche Macht in dem alten heidnischen Reiche Roms und die geistliche Macht in dem neuen übernatürlichen Reiche Gottes – trafen zusammen. Sie trafen zusammen gleichsam in ihrer Peripherie, welche die ganze Welt umschloß; aber sie trafen auch zusammen in ihrem Mittelpunkt, in der Stadt Rom. Da standen sie einander zuerst gegenüber im Kampfe, dann nebeneinander im Frieden. Hier trafen diese zwei gewaltigen Mächte, die eine von der Erde und die andere vom Himmel, die eine aus dem Willen des Menschen, und die andere aus dem Willen Gottes gleichsam in der Arena des Kampfes zusammen, und dreihundert Jahre lang gab das Römische Reich den Hohenpriestern der Kirche Gottes das Martyrium. Dreihundert Jahre strebte das Römische Reich, diesen neuen und seltsamen Ankömmling zu vernichten, der mit einer höheren Gerichtsbarkeit kam. Es suchte ihn in seinem eigenen Blute zu ersticken, und dreihundert Jahre kämpfte es vergeblich; denn je mehr die Kirche gemartert wurde, umso mehr vervielfältigte sich der Same der Märtyrer. Die Kirche dehnte sich aus und wuchs an Stärke und Macht in dem Maße, als das heidnische Römerreich sie zu vernichten und zu zerstören suchte, und dieser gewaltige Kampf zwischen den beiden Mächten endigte zuletzt mit der Belehrung des Reichs zum Christentum und daher mit der Einsetzung der Kirche in den Suprematüber die Mächte

der ganzen Welt. Dann erhielt das Recht den Vorrang über die Gewalt, und die göttliche Autorität triumphierte über die des Menschen; denn diese zwei Mächte wurden zusammengeschmolzen und zu einer großen Autorität, indem der Kaiser von seinem Thron herab innerhalb der Sphäre seiner irdischen Gerichtsbarkeit regierte, und der Papst gleichfalls von einem Throne mit höherer Würde über die Völker der Welt gebot, bis Gott in seiner Vorsehung das Reich von Rom wegnahm und es an die Gestade des Bosporus verpflanzte. Es zog in den Osten und ließ Rom ohne einen Souverän. Rom hat von jener Stunde an nie innerhalb seiner Mauern einen weltlichen Herrscher in der Anwesenheit des Papstes gehabt, und jene weltliche Souveränität ging vermöge eines providentiellen Gesetzes auf die Person des Statthalters Christi über. Es ist allerdings wahr, daß in den drei Jahrhunderten zwischen der Belehrung Constantins und der Periode Gregors des Großen, in jenen drei Jahrhunderten der Unruhen, der Einfälle feindlicher Völker und der Kriege, wodurch Italien und Rom heimgesucht wurde, die weltliche Macht des Papstes nur in ihrem Beginne war, aber um das siebente Jahrhundert wurde sie fest gegründet, und das, was die göttliche Vorsehung vom Anfange an vorbereitet hatte, trat vollständig ans Tageslicht. Kaum war die materielle Macht, die einst in Rom herrschte, durch die Bekleidung des Statthalters Christi mit der weltlichen Souveränität über die Stadt, wo er wohnte, geweiht und geheiligt, als er anfing, in ganz Europa die Ordnung der christlichen Zivilisation zu schaffen. Christliche Monarchien, christliche Reiche entstanden, die miteinander verbündet, den Frieden und die Ordnung der Welt von da an bis heute erhalten haben. Was wir die Christenheit nennen, d.h. die große Familie christlicher Nationen, die mit ihren Fürsten und ihren gesetzgebenden Versammlungen durch das internationale Recht, durch gegenseitige Verträge und dergleichen zu einem kompakten Körper verbunden sind, - was ist dies anders als die Sicherheit der Welt gegen Unordnung, Aufruhr und Gesetzlosigkeit? Nun aber wurde seit zwölfhundert Jahren der Friede, der Bestand und die Fruchtbarkeit der christlichen Zivilisation Europas in ihrem Prinzip einzig dieser Weihe der Macht und der Autorität des großen Römischen Reiches verdankt, das, wie ich schon sagte, eingenommen, fortgeführt und erhalten wurde durch das Salz, das vom Himmel herabgekommen war und fortdauerte in der Person des Papstes und in jener Ordnung der christlichen Zivilisation, deren Schöpfer er gewesen war.

Wir sind nun beinahe zu einer Lösung der Frage gelangt, die ich im Anfange aufstellte, wie es nämlich kommt, daß die Macht, welche die Offenbarung des Gesetzlosen hindert, nicht nur eine Person ist, sondern ein System, und nicht nur ein System, sondern eine Person. Mit einem Worte, es ist die Christenheit und ihr Haupt, und daher sehen wir in der Person des Statthalters Christi und in jener doppelten Autorität, womit er durch die göttliche Vorsehung bekleidet worden ist, den direkten Gegner gegen das Prinzip der Unordnung. Der Gesetzlose, der kein Gesetz kennt, weder göttliches noch menschliches, noch irgend jemand gehorcht als seinem eigenen Willen, hat auf Erden keinen direkteren Gegner als den Statthalter Christi, der zu gleicher Zeit den Charakter der königlichen und der priesterlichen Würde an sich trägt, und die zwei

Prinzipien der Ordnung im weltlichen und im geistlichen Stande repräsentiert – das Prinzip der Monarchie oder der Staatsgewalt und das Prinzip der apostolischen Autorität. Wir finden mithin die drei Auslegungen, die ich aus den heiligen Vätern zog, hierin buchstäblich bestätigt. Wie im langsamen Verlaufe der Zeit das Werk der Apostel heranreifte und zeitigte, hat sich die Christenheit gebildet, indem sie die Voraussagungen buchstäblich erfüllte, und das offenbarte, was, wie der Apostel voraussagte, die Entwicklung dieses Prinzips der Gesetzlosigkeit und die Offenbarung der Person hindern würde, die das Haupt derselben sein sollte.

Was ist es also, das in diesem Augenblicke die Manifestation dieser antichristlichen Macht und die Person in Schach hält, welche dieselbe handhaben wird? Es kann nur zwei Gesellschaften geben, eine natürliche und eine übernatürliche. Die natürliche Gesellschaft ist jene politische Ordnung, die aus dem Willen des Menschen kommt, ohne Beziehung auf die Offenbarung oder die Inkarnation Gottes. Die übernatürliche Gesellschaft ist die Kirche, welche jene Nationen in sich begreift, die, durchdrungen von dem Geiste des Glaubens und der katholischen Einheit, noch den Prinzipien getreu sind, auf welche die Christenheit zuerst gegründet wurde.

Immer, seit der Gründung des christlichen Europa, hat die politische Ordnung der Welt auf der Menschwerdung unseres Herrn Jesu Christi beruht. Aus diesem Grunde werden alle öffentlichen Urkunden und selbst der Kalender, nach welchem wir unsere Tage datieren, „von dem Jahre des Heils" oder „von dem Jahre unseres Herrn " an gerechnet. Was bedeuten diese Worte anders, als daß der Zustand und die Ordnung, unter welchen wir leben, sich auf die Menschwerdung gründet; daß das Christentum unser Fundament ist, daß wir die geoffenbarten Gesetze Gottes anerkennen, die seinem menschgewordenen Sohne und durch den menschgewordenen Sohn den Aposteln und durch die Apostel der Welt als die ersten Grundsätze aller christlichen Gesetzgebung und aller christlichen Gesellschaft überliefert wurden. Diese Gesellschaft aber, die auf die Menschwerdung Gottes gegründet ist, ist der Zustand, unter welchem wir bisher gelebt haben. Ich glaube, daß wir nun denselben verlassen. Wir verlassen ihn in der ganzen zivilisierten Welt. In England ist die Religion aus dem Gebiete der Politik verbannt. In vielen Ländern, z.B. in Frankreich und jetzt in Österreich, ist es durch ein öffentliches Dekret erklärt, daß der Staat keine Religion habe, daß alle Sekten gleich teilnehmen an dem politischen Leben und an der politischen Macht der Nation. Ich spreche jetzt nicht gegen dieses. Man möge mich nicht mißverstehen. Ich führe es als eine Tatsache an. Ein großer Teil jeder Nation und ein großer Teil von Frankreich und von Österreich besteht aus jenem Volke, das die Ankunft Gottes im Fleische, d.h. die Menschwerdung leugnet. Ich spreche jetzt nicht gegen ihre Zulassung zu politischen Rechten; im Gegenteil möchte ich behaupten, daß, wenn es keine andere Ordnung als die Ordnung der Natur gäbe, es eine politische Ungerechtigkeit wäre, irgend jemand von dem Stamme Israels von einer Teilnahme an gleichen Privilegien auszuschließen; aber ich behaupte gleichfalls, daß an dem Tage, an welchem man solche, die die

Menschwerdung leugnen, zu gleichen Rechten zuläßt, man das soziale Leben und die soziale Ordnung, in welcher wir leben, von der Menschwerdung Gottes zu der Basis der bloßen Natur herabrückt, und dies ist gerade, was von der antichristlichen Periode vorausgesagt wurde.

Wir haben bereits gesehen, daß das dritte und besondere Merkmal des Antichrist die Leugnung der Menschwerdung Gottes ist, und wenn die Nationen der Welt durch den Glauben auf die Basis der Menschwerdung gegründet sind, so ist der nationale Akt, welcher jene, die sie leugnen, in eine soziale und politische Einheit aufnimmt, in der Tat ein Herabrücken der Ordnung des sozialen Lebens von der übernatür-lichen zu der natürlichen Ordnung, und dies ist es, was wir jetzt in Erfüllung gehen sehen. Ich sage noch einmal, ich spreche jetzt nicht gegen dieses, aber ich sehe in allen diesen Tatsachen die Bewahrheitung der Prophezeiung. Ich sage nicht, daß die politische Verfassung eines Landes aufrecht erhalten werden solle, nachdem der Zustand eines Volkes dies moralisch unmöglich oder schwierig macht. Wenn es unmöglich geworden ist, diese christliche Ordnung über ein Volk aufrecht zu erhalten, das durch ein Schisma von der Kirche getrennt oder durch die Häresie angesteckt ist oder sich mit solchen vermischt, welche die Menschwerdung Gottes leugnen, so ist alles, was ich sagen kann, dies, daß wir in den erbärmlichen Zustand herabgesunken sind, die wahre christliche Gesellschaft aufgeben zu müssen. Dies ist die fürchterliche Notwendigkeit, welche die Regierungen trifft, wenn sie von der Einheit und den Grundsätzen der Kirche Jesu Christi abweichen. Wenn ein solcher Zustand nicht ohne Gewalt aufrecht erhalten werden kann, so muß er aufgegeben werden. *Ecclesia abhorret a sanguine*. Es ist nicht der Geist der Kirche, politische Probleme durch blutige Gesetze aufzudrängen oder die Leute durch Anwendung der physischen Macht zu zwingen. Aber größer ist das Elend für ein Volk, das den Glauben an die Menschwerdung so verloren hat, daß es notwendig ist, die christliche von der Vorsehung Gottes eingesetzte Ordnung aufzugeben. Allein so ist der Zustand der Welt beschaffen, und diesem Ende treiben wir rasch entgegen. Man erzählt uns, der Aetna habe einhundertsechzig Krater. Außer den zwei gewaltigen Öffnungen, die miteinander den unermesslichen Krater bilden, der gewöhnlich so heißt, ist er auf allen Seiten durch Kanäle und Mündungen durchlöchert, durch welche in vergangenen Jahrhunderten die Lava von Zeit zu Zeit hervorbrach. Ich kann kein besseres Bild für den Zustand der Christenheit in diesem Augenblicke finden. Die Kirche Gottes ruht auf der Basis der natürlichen Gesellschaft, auf den Grundlagen des alten Römischen Reiches, auf der Zivilisation der heidnischen Völker der Welt, die befestigt, erhoben, bewahrt, umgewandelt und geheiligt wurden durch die Wirksamkeit des Glaubens und der Gnade. Die Kirche Gottes ruht noch auf jener Grundlage, aber unterhalb der Kirche ist beständig das Geheimnis der Bosheit wirksam, das bereits in den Zeiten der Apostel tätig war, und im gegenwärtigen Augenblicke den Gipfel seiner Kraft erreicht und die Oberhand gewinnen will. Was, frage ich, war die Französische Revolution von 1789 mit allen ihren Bluttaten, Gotteslästerungen und Grausamkeiten anders als ein Ausbruch des antichristlichen Geistes – die Lava, welche der Berg auswarf? Und was war der Ausbruch im

Jahr 1830 und 1848, als gerade dasselbe Prinzip des Antichrist, das unter dem Boden der christlichen Gesellschaft tätig war, und sich seinen Weg nach oben erzwang? Im Jahr 1848 öffnete die Revolution gleichzeitig ihren vielfältigen Schlund in Berlin, in Wien, in Turin, in Florenz, in Neapel und in Rom selbst. In London regte sie sich, aber es war noch nicht Zeit. Was ist all dies anders als der Geist der Gesetzlosigkeit, der sich gegen Gott und den Menschen erhebt, - das Prinzip des Schismas, der Häresie und des Unglaubens, das in eine Waffe zusammenläuft und sich überallhin ergießt, wohin es sich seinen Weg bahnen kann, indem es allenthalben, wo die christliche Gesellschaft schwach wird, sich Krater öffnet für seinen Strom? Und wie dies seit Jahrhunderten fortgegangen ist, so wird es fortgehen, bis die Zeit kommen wird, „wo das, was aufhält, hinweggeräumt ist".

Wir haben bereits gesehen, was dem Aufschwunge dieses Prinzips der Unordnung im Wege steht. Nun aber wird dieses Hindernis sichtbar mit jedem Tage schwächer. Es wird intellektuell schwächer. Die intellektuellen Überzeugungen der Menschen werden immer schwächer; die christliche und katholische Zivilisation weicht vor der natürlichen materiellen Zivilisation, die ihre höchste Vollkommenheit in bloß materieller Wohlfahrt findet. Sie nimmt in ihre Sphäre Personen jeder Kaste oder Glaubensfärbung auf nach dem Grundsatze, daß die Politik mit der künftigen Welt nichts zu schaffen habe, daß die Regierung der Völker bloß für ihr zeitliches Wohlsein da sei, für den Schutz von Personen und Eigentum, für die Entwicklung der Industrie und für die Förderung der Wissenschaften, d.h.

für die Kultivierung der natürlichen Ordnung allein. Dies ist die Theorie der Zivilisation, die jeden Tag herrschender wird.

Auch die katholische Frömmigkeit wird schwächer und schwächer und zwar in einem Grade, daß es Nationen gibt, die noch katholisch heißen, in welchen das Verhältnis zu der Masse derer, welche die heiligen Sakramente besuchen, kaum berechenbar ist, wie unser Herr es voraussagte: „Weil die Ungerechtigkeit überhandnimmt, wird die Liebe bei vielen erkalten.[1] Die christliche Gesellschaft ferner wird überall schwächer, d.h. der wahre christliche Geist und das Prinzip der Gesellschaft. Der verstorbene Tocqueville, der, soviel ich erkennen kann, durchaus nicht die Absicht hatte, das, was ich eben behaupte, zu bestätigen, hebt in seiner Schrift über die Demokratie in Amerika den Umstand hervor, daß die Tendenz jeder Regierung in der Welt und jeder Nation auf die Demokratie geht, d.h. auf die Verminderung und Erschöpfung der Regierungsgewalten und auf die Entwicklung der Zügellosigkeit des Volkswillens, so daß alles Gesetz sich in dem Willen der Massen auflösen soll. Er weist nach, daß in Frankreich alle fünfzig Jahre eine doppelte Revolution die Gesellschaft weiter zur Demokratie führte und daß die nämliche Erscheinungen in der ganzen christlichen Welt zu beobachten sind. Überall, sagt er, sahen wir die Ereignisse im Leben der Völker zur Förderung der Demokratie beitragen; alle halfen ihr vorwärts durch ihre Anstrengungen; die, welche absichtlich ihre Erfolge unterstützten, und jene, die nie

---

[1] Mt 24, 12.

daran dachten, ihr zu dienen, die, welche für sie kämpften, und jene, die ihre erklärten Feinde sind - alle miteinander sind auf denselben Weg geführt worden und haben zusammengearbeitet, die einen wider ihren Willen, die andern, ohne es zu wissen, als blinde Werkzeuge in der Hand Gottes ... Dies ganze Buch wurde unter dem Eindrucke einer gewissen religiösen Furcht geschrieben, die in dem Geiste des Verfassers der Anblick dieser unwiderstehlichen Revolution hervorbrachte, die so viele Jahrhunderte über alle Hindernisse hinzog und die wir noch heutzutage durch alle Ruinen hindurch vordringen sehen, welche sie auf ihrem Wege zurückließ."[1] Es klingt sonderbar, neben dies die Worte des heiligen Hippolyt zu stellen, die im dritten Jahrhundert geschrieben sind, und welcher sagt, daß das Römische Reich in Demokratien ($\varepsilon\iota\varsigma\ \delta\eta\mu\omicron\kappa\rho\alpha\tau\iota\alpha\varsigma$) übergehen werde.[2]

Ein anderer Schriftsteller ferner, ein Spanier, von großem Geiste und auch von starkem Glauben, der noch nicht lange als Gesandter zu Paris starb, Donoso Cortez, sagt, indem er den Zustand der Gesellschaft beschreibt, daß die christliche Gesellschaft verurteilt ist, daß sie ihre Bahn zu durchlaufen hat und dann erlöschen muß: denn die Grundsätze, die jetzt im Schwange sind, sind wesentlich antichristliche. Er hob hervor, was im gegenwärtigen Augenblicke in der Geschichte der Völker am deutlichsten zutage tritt, daß sich nämlich eine Schwächung des Prinzips der christlichen Ordnung allenthalben zeigt und daß wo immer die Macht der

---

[1] De la Démocratie en Amérique, par Alexis de Touqueville, vol. 1. Introduct. pp. 8, 9.
[2] De Antichristo, 27.

Kirche über ein Volk geschwächt wird, die weltliche Gewalt in höherem Grade sich entwickelt, so daß nichts gewisser ist, als daß der weltliche Despotismus namentlich in jenen Ländern vorherrscht, wo die Macht der Kirche niedergedrückt ist, und daß die einzige Sicherheit für die Freiheit unter den Völkern der Erde in der Freiheit der Kirche zu finden ist und in ihrer freien Einwirkung auf das Regiment der staatlichen Gewalt. Er sagt: „Indem die Gesellschaft das Reich des Glaubens als tot aufgab und die Unabhängigkeit der Vernunft und des menschlichen Willens verkündigte, hat sie das Übel absolut, allgemein und notwendig gemacht, das nur relativ, ausnahmsweise und zufällig war. Diese Periode einer schnellen rückgängigen Bewegung begann in Europa mit der Wiederherstellung des Heidentums in Philosophie, Religion und Politik. Heute steht die Welt am Vorabende ihrer letzten Restauration, der Restauration des sozialistischen Heidentums."[1] Ferner schreibt er: Die europäische Gesellschaft ist am Sterben. Die Extremitäten sind kalt, das Herz wird es auch bald sein. Und wisset ihr, warum sie am Sterben ist? Weil sie vergiftet wurde, weil Gott sie mit der katholischen Wahrheit nähren ließ und die empirischen Doktoren ihr zur Speise den Nationalismus gegeben haben. Sie ist am Sterben, weil, gleichwie ein Mensch nicht von Brot allein lebt, sondern von jedem Worte, das aus dem Munde Gottes kommt, ebenso die Gesellschaft nicht durch das Schwert allein zugrunde geht, sondern durch jedes Wort, das aus dem Munde ihrer Philosophen kommt. Sie ist am Sterben, weil der Irrtum sie tötet und weil die

---

[1] Lettre à M. de Montalembert, 4. juin 1849.

Gesellschaft jetzt auf Irrtümer gegründet ist. Wisset also, daß alles was ihr für unbestreitbar haltet, falsch ist.

„Die Lebenskraft der Wahrheit ist so groß, daß, wenn ihr eine einzige Wahrheit besitzen würdet, nur eine einzige, diese Wahrheit euch retten könnte; aber euer Fall ist so tief und eure Blindheit so vollständig, daß ihr selbst diese einzige Wahrheit nicht habet. Aus diesem Grunde wird die Katastrophe, welche kommen muß, in der Geschichte die allergrößte Katastrophe sein. Einzelne können sich vielleicht noch retten, weil Einzelne immer gerettet werden können; aber die Gesellschaft ist verloren, nicht, weil es für sie schon rein unmöglich ist, gerettet zu werden, sondern weil sie nicht den Willen hat, sich selbst zu retten. Es gibt keine Rettung für die Gesellschaft, weil wir unsere Söhne nicht zu Christen machen wollen und weil wir selbst nicht wahre Christen sind. Es gibt keine Rettung für die Gesellschaft, weil der katholische Geist, der einzige Lebensgeist, nicht das Ganze durchdringt; er durchdringt nicht die Erziehung, die Regierung, die Gesetze und die Moral. Den Lauf der Dinge in dem Zustande, in welchem sie sind, ändern wollen, würde, wie ich nur zu gut einsehe, eine Riesenunternehmung sein. Es gibt keine Macht auf Erden, die für sich selbst diesen Zweck erreichen könnte, und schwerlich könnten alle Mächte, wenn sie zusammenwirkten, dieses Ziel erlangen. Ich überlasse euch das Urteil, ob eine solche Mitwirkung möglich ist, und bis zu welchem Punkte, und zu entscheiden, ob, selbst diese Möglichkeit angenommen, die Rettung der

Gesellschaft nicht in jeder Hinsicht ein wahres Wunder wäre."[1]

Der letzte Punkt also, über welchen ich zu sprechen habe, ist der, daß die Schranke oder das Hindernis für die Gesetzlosigkeit fortdauern wird, bis es weggeräumt ist. Was ist aber die Bedeutung des Wortes: „Bis es weggeräumt ist?" Wer soll es wegräumen? Soll es weggeräumt werden durch den Willen des Menschen oder durch bloße zufällige Ereignisse? Gewiß ist dies nicht die Bedeutung der Worte. Wenn die Schranke, welche die Entwicklung des Prinzips der antichristlichen Unordnung gehindert hat, die göttliche Macht Jesu Christi, unseres Herrn, gewesen ist, die in der Kirche verkörpert ist und von seinem Statthalter geleitet wird, dann ist keine Hand mächtig genug und kein Wille stark genug, das Hindernis wegzuräumen, sondern nur die Hand und der Wille des menschgewordenen Sohnes Gottes selbst. Deshalb ist die Auslegung der heiligen Väter, mit welcher ich begann, vollständig und buchstäblich genau. Es ist die göttliche Macht, zuerst in der Vorsehung und dann in seiner Kirche und sodann in beiden miteinander, die fortdauert, bis die Zeit kommen wird, die vorausgesehen und vorherbestimmt wurde, um die Schranke zu entfernen, damit eine neue Anordnung seiner Weisheit auf Erden sich offenbare, wovon ich hernach zu sprechen haben werde.

Wir haben aber eine Analogie zu diesem. Die Geschichte der Kirche und die Geschichte unseres Herrn auf Erden laufen gleichsam parallel. Dreiunddreißig

---

[1] Polémique avec divers Journaux de Madrid, vol. 1.574-576.

Jahre war der Sohn Gottes im Fleische in der Welt, und niemand konnte Hand an ihn legen. Niemand konnte ihn angreifen, „weil seine Stunde noch nicht gekommen war". Es war eine vorherbestimmte Stunde, wo der Sohn Gottes in die Hände der Sünder überliefert werden wollte. Er wusste sie vorher, und sagte sie vorher. Er hielt sie in seiner Hand; denn er umgab seine Person mit einem Kreise seiner göttlichen Macht. Niemand konnte jenen Kreis der Allmacht durchbrechen, bis die Stunde kam, da er nach seinem eigenen Willen den Mächten des Bösen den Weg öffnete. Aus diesem Grunde sagte er im Garten: „Dies ist eure Stunde und die Macht der Finsternis."[1] Aus diesem Grunde übte er, bevor er sich in die Hände der Sünder gab, noch einmal die Majestät seiner Macht aus, und als sie kamen, ihn zu ergreifen, stand er auf und sprach: „Ich bin es, und sie wichen zurück und fielen zu Boden."[2] Nachdem er seine göttliche Majestät behauptet hatte, überlieferte er sich in die Hände der Sünder. So sprach er auch, als er vor Pilatus stand: „Du hättest keine Macht über mich, wenn sie dir nicht von Oben gegeben wäre."[3] Es war der Wille Gottes, es war die Zulassung des Vaters, daß Pilatus Macht hatte über seinen menschgewordenen Sohn. Ferner sagte er: „Meinst du, daß ich meinen Vater nicht bitten könnte? Er würde mir jetzt mehr als zwölf Legionen Engel zuschicken; wie würde dann aber die Schrift erfüllet werden?"[1] Ebenso ist es mit seiner Kirche. Bis die Stunde gekommen ist, wo die Schranke nach dem göttlichen Willen weggeräumt sein wird, hat niemand

---

[1] Lk 27, 53.
[2] Joh 18, 5.
[3] Joh 19, 11.
[4] Mt 26, 53. 54.

die Macht, Hand an sie zu legen. Die Pforten der Hölle können Krieg gegen sie führen; sie können mit dem Statthalter unseres Herrn kämpfen und ringen, wie sie jetzt tun, aber niemand hat die Macht, ihn auch nur e i n e n Schritt zu entfernen, bis die Stunde kommen wird, wo der Sohn Gottes erlaubt, daß die Mächte des Bösen einige Zeit die Oberhand haben. Daß er dies für einige Zeit erlauben wird, steht in dem Buche der Weissagung. Wenn das Hindernis weggeräumt ist, dann wird der Mann der Sünde geoffenbart werden; dann wird die Verfolgung von dritthalb Jahren kommen, eine kurze, aber schreckliche Zeit, in welcher die Kirche Gottes in ihren Zustand des Leidens zurückkehren wird wie im Anfang, und die unvergängliche Kirche Gottes, welche dreihundert Jahre unter blutigen Martern lebte, wird auch fortleben in dem Feuer der Zeiten des Antichrist, vermöge ihres unauslöschlichen Lebens, das sie aus der durchbohrten Seite Jesu schöpft.

Diese Dinge gehen nun schnell in Erfüllung, und es ist gut für uns, sie uns vor Augen zu stellen; denn die Vorläufer sind bereits da und dort: die Schwächung des Heiligen Vaters, der Mord seines Heeres, der Einfall in seine Staaten, der Verrat derer, die ihm am nächsten stehen, die Tyrannei derer, die seine Söhne sind; die Freude, der Jubel und das Triumphgeschrei protestantischer Länder und protestantischer Regierungen, die Verachtung und der Spott, die über sein geheiligtes und gesalbtes Haupt Tag für Tag in England ausgegossen werden. Und es gibt Katholiken, die daran kein Ärgernis nehmen; es gibt Katholiken, die gegen die weltliche Herrschaft des Papstes sprechen, entweder, weil sie durch das Geschrei eines protestantischen Volkes betäubt sind, oder weil sie feigherzig sind und nicht den Mut haben, für eine unpopuläre Wahrheit gegen eine populäre Lüge in die Schranken zu treten.

Der Geist des protestantischen England, seine Gesetzlosigkeit, sein Hochmut, seine Verachtung der Kirche Gottes und seine Feindschaft gegen dieselbe hat auch Katholiken kaltherzig gemacht, selbst wenn der Statthalter Christi beschimpft wird. Wir haben daher nötig auf unserer Hut zu sein. Es wird noch einmal mit einigen geschehen, was geschah, als der Sohn Gottes sein Leiden erduldete. Sie sahen ihn verraten, gebunden, weggeführt, mit Fäusten geschlagen und gegeißelt; sie sahen ihn sein Kreuz zum Kalvarienberge schleppen, dann daran genagelt und emporgehoben zum Spotte der Welt, und sie sagten: „Wenn er der König Israels ist, so soll er jetzt vom Kreuze herabkommen, und wir wollen ihm glauben."[1] Ebenso sagen sie jetzt: „Sehet diese katholische Kirche, diese Kirche Gottes, wie schwach und matt ist sie, wie verachtet sogar von den Völkern, die sich katholisch nennen! Das katholische Frankreich und das katholische Deutschland, das katholische Sizilien und das katholische Italien geben jetzt dieses lächerliche Trugbild von der weltlichen Herrschaft des Statthalters Christi auf." Weil die Kirche schwach scheint und der Statthalter des Sohnes Gottes die Passion seines Meisters auf Erden erneuert, darum nehmen wir ein Ärgernis, darum wenden wir unser Angesicht von Ihm. Wo ist denn unser Glaube? Aber der Sohn Gottes sagte diese Dinge voraus, als er sprach:

---

[1] Mt 27, 42.

„Und nun habe ich es euch gesagt, ehe denn es geschieht, damit ihr glaubet, wann es geschehen sein wird."[1]

---

[1] Joh 14, 29.

VIERTE VORLESUNG

Ehe wir an den letzten Gegenstand gehen, der noch übrig ist, wollen wir den Punkt wieder aufnehmen, an welchem wir in der letzten Vorlesung abgebrochen haben. Es war der: daß es auf Erden zwei große Widersacher gibt, auf der einen Seite der Geist und das Prinzip des Bösen und auf der anderen der menschgewordene Gott, geoffenbart in seiner Kirche, aber vor allem in seinem Statthalter, welcher sein Repräsentant ist, der Verwahrer seiner Vorrechte und deshalb sein besonderer persönlicher Zeuge, der in seinem Namen spricht und regiert. Das Amt des Statthalters Jesu Christi enthält in Fülle die göttlichen Prärogativen der Kirche, insofern er als der besondere Repräsentant des göttlichen Hauptes alle seine mit heilbaren Gewalten in der Regierung der Kirche auf Erden einzig und allein führt.

Die anderen Bischöfe und Hirten, die mit ihm verbunden und unter ihm tätig sind, können nicht handeln ohne ihn, aber er kann allein handeln, da er eine Fülle von Gewalt in sich besitzt. Die Gaben des Leibes sind ferner die Prärogativen des Hauptes, und deshalb sind die Gaben, welche von dem göttlichen Haupte der Kirche auf den ganzen mystischen Leib herabkommen, in dem Haupte jenes Leibes auf Erden vereinigt, insofern er an der Stelle des menschgewordenen Wortes steht als der Diener und Zeuge von dem Reiche Gottes unter den Menschen. Es ist aber vor allem jene Person, wie ich vorhin sagte, gegen welche der Geist des Bösen und der Lüge seine Angriffe richtet; denn wenn das Haupt des Leibes zerschmettert wird, muß der Leib selbst sterben. „Schlaget den Hirten, und die Schafe werden zerstreut werden", war der alte Kunstgriff des Bösen, der den Sohn Gottes schlug, um die Herde zerstreuen zu können. Aber jene List wurde einmal versucht und schlug für immer fehl; denn in dem Tode, der den Hirten traf, wurde die Herde erlöst, und wenn auch der Hirte, der an die Stelle des Sohnes gesetzt ist, getroffen wird, so kann doch die Herde nie mehr zerstreut werden. Dreihundert Jahre bemühte sich die Welt, die Linie der Päpste zu unterbrechen; aber die Herde wurde niemals zerstreut, und so wird es bleiben bis ans Ende. Demungeachtet richten gegen die Kirche Gottes und vor allem gegen ihr Haupt alle Geister des Bösen zu allen Zeiten und namentlich in der gegenwärtigen die Pfeile ihrer Bosheit. Wir sehen daher, was die Offenbarung, den Supremat und die Herrschaft des Geistes des Bösen und der Unordnung hindert, nämlich die festgestellte Ordnung der Christenheit, die übernatürliche Gesellschaft, von welcher die katholische Kirche die Schöpferin, das Band der Einigung und das Prinzip der Erhaltung gewesen ist, und das Haupt jener Kirche, die vor allem das Prinzip der Ordnung ist, der Mittelpunkt der christlichen Gesellschaft, welcher die Völker der Welt im Frieden zusammenhält. Der Gegenstand aber, der uns noch übrigbleibt, ist weit schwieriger. Er reicht in die Zukunft hinein, und hat mit Agentien zu tun, die so transzendent und geheimnisvoll sind, daß alles, was ich versuchen kann, darin bestehen wird, im Umrisse zu zeichnen, was die ausführlichen und lichtvollen Weissagungen, namentlich in dem Buche Daniels und in der

Apokalypse, darstellen, ohne es zu versuchen, in nähere Einzelheiten einzugehen, die nur durch die künftigen Ereignisse ihre Erklärung finden können.

Wie ich ferner gleich anfangs sagte, werde ich mich auf nichts einlassen, außer unter der unmittelbaren Leitung der Theologie der Kirche und der Schriftsteller, deren Worte von ihr gutgeheißen sind. Wie ich bisher nichts aus mir selbst vorbrachte, so werde ich bis ans Ende denselben Gang fortsetzen. Ich habe also von der Verfolgung des Antichristen und endlich von seiner Vernichtung zu sprechen.

Wir wollen zuerst mit dem vierundzwanzigsten Kapitel des Evangeliums nach dem heiligen Matthäus beginnen, in welchem wir lesen, daß unser Herr, als er die Tempelgebäude betrachtete, sagte: „Hier wird kein Stein auf dem andern gelassen werden, der nicht zerstört wird." Und seine Jünger kamen, als er auf dem Ölberg war, insgeheim zu ihm und sagten: "Sage uns, was das Zeichen deiner Ankunft und das Ende der Welt sein wird." Sie meinten, die Zerstörung des Tempels in Jerusalem und das Ende der Welt würden Teile einer und derselben Handlung sein und zu gleicher Zeit stattfinden. Wie wir in der Natur die Berge aus der Ferne verkürzt sehen, so daß die ganze Kette derselben nur eine Gestalt zu haben scheint, so ist es mit den Ereignissen der Prophezeiung. Es sind hier zwei verschiedene Begebenheiten, die nur e i n e scheinen - die Zerstörung Jerusalems und das Ende der Welt. Unser Herr fuhr fort, ihnen zu sagen, daß eine solche Trübsal kommen werde wie noch nie gewesen, und daß, wenn jene Tage nicht abgekürzt würden, kein Fleisch würde gerettet werden; daß, um der Auserwählten willen, jene Tage werden verkürzt werden. Reich werde wider Reich und Volk wider Volk aufstehen; es werden Kriege kommen und Seuchen und Hungersnot an verschiedenen Orten. Ein Bruder werde den andern zum Tode überliefern; sie werden um seines Namens willen verfolgt werden; alle Menschen werden sie hassen; falsche Christi und falsche Propheten werden auferstehen und viele verführen, und inmitten aller dieser Verfolgungen werde er selbst zum Gericht kommen, und gleichwie der Blitz vom Aufgange ausgehe und bis zum Untergange leuchte, ebenso werde es auch mit der Ankunft des Menschensohnes sein.

In dieser Antwort sprach unser Herr von zwei Begebenheiten, von der Zerstörung Jerusalems und von dem Ende der Welt. Die eine ist bereits in Erfüllung gegangen, die andere soll noch kommen. Dieses Kapitel des heiligen Matthäus wird uns einen Schlüssel geben zur Deutung der Apokalypse. Dieses Buch kann in vier Teile geteilt werden. Der erste Teil beschreibt die Kirche auf Erden unter den sieben Kirchen, an welche die Botschaften von unserm Herrn gesandt wurden. Sie stellen wie ein Gestirn die ganze Kirche auf Erden dar. Der zweite Teil bezieht sich auf die Zerstörung des Judaismus und den Sturz des jüdischen Volkes. Der dritte Teil bezieht sich auf die Verfolgung der Kirche durch die heidnische Stadt Rom, und der vierte und letzte Teil auf den Frieden der Kirche unter der Gestalt des himmlischen Jerusalem, das vom Himmel herabkommt und unter den Menschen weilt. Viele Ausleger, namentlich der ersten Jahrhunderte, und auch Schriftsteller wie Bossuet und andere späteren Datums haben angenommen, die Weissagungen der Apokalypse, mit Ausnahme nur der letzten Kapitel, seien durch die Ereignisse in Erfüllung gegangen, die in den ersten sechs Jahrhunderten stattfanden, das heißt, die Zerstörung Jerusalems, die Verfolgung der Kirche und die Vernichtung des heidnischen Rom. Aber es ist die Natur der Prophezeiung, sich allmählich zu entfalten. Wie ich von Bergen sagte, die unseren Augen aus der Ferne verkürzt vorkommen, die aber, je mehr wir uns denselben nähern, ihre Umrisse zu entfalten anfangen, so ist es mit den Ereignissen der Prophezeiung. Die Handlung der Welt bewegt sich in Kreisen, das heißt, wie der weise Mann sagt: „Was gewesen, wird wieder sein," und „es gibt nichts Neues unter der Sonne," und das, was wir im Anfange gesehen haben, soll nach der Prophezeiung am Ende der Welt wieder eintreten. In den vier Abteilungen des Buches der Offenbarung haben wir drei Hauptagenten gesehen: die Kirche, die Juden und eine verfolgende Macht, welche das heidnische Rom war. Diese drei aber existieren gegenwärtig noch auf Erden. Es ist noch die Kirche Gottes da, es ist das alte Volk Gottes, die jüdische Rasse, durch eine geheimnisvolle Vorsehung erhalten, um für irgendein künftiges Ereignis als Werkzeug zu dienen, und drittens haben wir die natürliche menschliche Gesellschaft ohne Gott, welche die Form des alten Heidentums annahm, und in den letzten Tagen die Form des Unglaubens annehmen wird. Die letzten drei Agenten in der Geschichte der modernen Welt sind folgende: erstens die natürliche Gesellschaft der Menschheit, zweitens die Zerstreuung des jüdischen Volkes, und drittens die allgemeine Kirche. Die beiden letzteren sind die einzigen Genossenschaften, welche alle Nationen durchdringen und eine von ihnen unabhängige Einheit haben. Sie besitzen eine größere Macht als irgendein Volk und bleiben einander immer Todfeinde. Nun aber hatte die Kirche bereits zwei Verfolgungen auszustehen, eine von Seiten der Juden und eine auch von Seiten der Heiden; aber die Schriftsteller der ersten Jahrhunderte, die Väter sowohl des Morgen- als des Abendlandes haben auch vorausgesagt, daß in dem letzten Zeitalter der Welt die Kirche eine dritte Verfolgung werde ausstehen müssen, heftiger, blutiger und grausamer als irgend eine, die sie bis jetzt erlitten hat, und zwar von der Hand einer ungläubigen, von dem inkarnierten Worte abgefallenen Welt. Daher offenbart das Buch der Apokalypse, wie die Prophezeiung bei dem heiligen Matthäus, zwei Begebenheiten oder zwei Handlungen. Wir finden hier das Ereignis, das vergangen ist, das Vorbild und den Schatten des künftigen Ereignisses und das Ereignis, das am Ende der Welt noch kommen soll, und alle Verfolgungen, die bisher stattgefunden haben, sind nichts weiter als die Vorläufer und die Vorbilder der letzten Verfolgung, die eintreten wird.

Wir haben bereits die Parallele zwischen den beiden Geheimnissen, zwischen dem Geheimnisse der Bosheit und dem Geheimnisse der Gottseligkeit gesehen und auch die Parallele zwischen den beiden Städten, der Stadt Gottes und der Stadt dieser Welt. Es bleibt noch eine andere Parallele übrig, die wir notwendig prüfen müssen, um das klar zu machen, was ich hernach zu sagen haben werde. Wir lesen in dem Buche der Offenbarung von zwei Weibern. Es kommt hier vor ein Weib, bekleidet mit der Sonne, und ein Weib, das auf einem Tier sitzt, welches mit den Namen der

Gotteslästerung bedeckt ist. Es ist aber klar, daß diese zwei Weiber wie die zwei Geheimnisse und die zwei Städte wieder zwei einander feindliche Geister, zwei einander feindliche Prinzipien darstellen. In dem zwölften Kapitel des Buches der Offenbarung lesen wir von dem Weibe „bekleidet mit der Sonne, das den Mond unter ihren Füßen hat und auf ihrem Haupte eine Krone von zwölf Sternen." Kein Katholik wird in Verlegenheit sein um eine Deutung dieser Worte, und selbst protestantische Ausleger, damit sie ja nicht die unbefleckte Mutter Gottes in diesem mit der Sonne bekleideten Weibe sehen dürfen, sagen uns, dasselbe bedeute die Kirche. Darin haben sie vollkommen Recht, nur sagen sie bloß die halbe Wahrheit. Das Weib ist ein Sinnbild der Kirche, aus dem Grunde, weil das Sinnbild der Kirche die Menschwerdung ist, das Weib mit dem Kinde, das Symbol der Menschwerdung, ist die Mutter Gottes. Auf der anderen Seite brauchen wir nicht weit zu gehen, um die Deutung des Weibes zu finden, welches auf dem Tier sitzt mit den Namen der Gotteslästerung; denn der letzte Vers des siebenzehnten Kapitels sagt: „Das Weib, das du gesehen hast, ist die große Stadt, welche die Herrschaft hat über die Könige der Erde." Es ist also ganz klar, daß eine Feindschaft herrscht zwischen diesen zwei Weibern, zwischen der Kirche unter dem Symbol der Menschwerdung und zwischen der großen Stadt, der Stadt Rom, mit den sieben Hügeln, welche die Herrschaft hat über die Könige der Erde.

Nun aber müssen wir diese Unterscheidung deutlich im Gedächtnisse behalten, weil manche Ausleger, erhitzt von dem Geiste der Kontroverse, diese zwei Dinge gerne miteinander verwechseln und uns sagen, dieses auf dem

Tier sitzende Weib sei die römische Kirche. Aber die Kirche Roms ist die Kirche Gottes, oder wenigstens ein Teil von ihr, selbst in dem Sinne dieser Ausleger. Wie können dann diese zwei, die einander so entgegengesetzt sind, dasselbe Ding bedeuten? In der Tat, wie es mit Elymas dem Zauberer war, der wegen seiner Verkehrtheit die Sonne eine Zeit lang nicht sehen konnte, so verlieren jene, die sich in der Kontroverse erhitzen, die Besinnung. In dem Glanze dieser Vision können sie die Wahrheit nicht sehen und gehen herum, die Kirche Gottes in dem zu finden, was das Vorbild ihres Widersachers ist. Sie begehen so wieder den alten Selbstbetrug, daß, wenn die Wahrheit auf Erden ist, die Menschen eine Lüge für die Wahrheit nehmen, gerade wie sie damals, als der wahre Christus gekommen war, ihn nicht erkannten und ihn den Antichrist hießen. Wie es mit seiner Person ging, so geht es mit seiner Kirche.

Mit diesen vorläufigen Unterscheidungen wollen wir den letzten Teil unseres Gegenstandes beginnen. Wovon ich zu sprechen habe, das ist die Verfolgung, die der Antichrist über die Kirche bringen wird. Wir haben bereits den Grund zu der Annahme gesehen, daß, gleichwie unser Herr sich in die Hände der Sünder überlieferte, als seine Zeit gekommen war, und niemand Hand an ihn legen konnte, bis er sich freiwillig ihrer Macht übergab, es ebenso mit jener Kirche sein werde, von welcher er sagte: „Auf diesen Felsen will ich meine Kirche bauen, und die Pforten der Hölle sollen sie nicht überwältigen." Wie die Bösen nichts über ihn vermochten, selbst als sie ihn mit Stricken banden und zum Gerichte schleppten, ihn als falschen König verspotteten, als falschen Propheten auf das Haupt schlugen, wegführten und kreuzigten und vollkommene Gewalt über ihn zu haben schienen, so daß er fast vernichtet unter ihren Füßen auf dem Boden lag, und wie er gerade zu der Zeit, als er gestorben und begraben war, am dritten Tage siegreich wieder auferstand und in den Himmel auffuhr, um da gekrönt und verherrlicht und mit seiner königlichen Würde bekleidet, als König der Könige und Herr der Herren zu herrschen, - ebenso wird es mit seiner Kirche sein. Wenn sie gleich eine Zeit lang verfolgt und in den Augen der Menschen mit Füßen getreten, entthront, beraubt und verspottet ist, so werden doch in diesem höchsten Triumph des Bösen die Pforten der Hölle nicht die Oberhand behalten. Es ist der Kirche eine glorreiche Wiederauferstehung, eine königliche Herrschaft und ein herrlicher Lohn für alles vorbehalten, was sie erduldet hat. Wie Jesus, muß sie auf dem Wege zu ihrer Krone leiden, aber gekrönt wird sie mit ihm sein ewiglich. Niemand nehme also ein Ärgernis daran, wenn die Prophezeiung von künftigen Leiden spricht. Wir bilden uns so gerne herrliche Triumphe ein für die Kirche auf Erden - das Evangelium werde allen Völkern gepredigt und die Welt bekehrt werden, und alle ihre Feinde werden endlich zu ihren Füßen liegen, und ich weiß nicht was - so daß manche Ohren gar nichts davon hören wollen, daß der Kirche eine Zeit schrecklicher Trübsal aufbewahrt sein soll. Damit machen wir es wie vor Alters die Juden, die einen Eroberer, einen König und zeitliche Wohlfahrt erwarteten, und als ihr Messias in Demut und Niedrigkeit kam, erkannten sie ihn nicht. Ebenso berauschen viele unter uns ihren Geist mit den Visionen von Siegen und Triumphen und können den Gedanken nicht ertragen, daß für die Kirche noch eine Zeit der Verfolgung kommen soll. Lasset uns daher die

Worte des Propheten Daniel vernehmen. Indem er von der Person spricht, die der heilige Johannes den Antichrist nennt, die aber er den König heißt, der nach seinem eigenen Willen handeln wird, sagt er: „Er wird Reden gegen den Allerhöchsten ausstoßen und die Heiligen des Allerhöchsten aufreiben."[1] Ferner sagt er: „Das Horn erhob sich bis zur Heeresmacht des Himmels und warf herab etliche vom Heere, von den Sternen und zerbrach sie. Und es erhob sich bis zu dem Fürsten der Heeresmacht und nahm ihm das tägliche Opfer und verwüstete den Ort seines Heiligtums."[2] Ferner sagt er: „Schlachtopfer und Speisopfer wird aufhören, und im Tempel wird der Greuel der Verwüstung sein."[3] Diese drei Stellen sind dem siebenten, dem achten und neunten Kapitel Daniels entnommen. Ich könnte noch mehrere hinzufügen, aber sie reichen aus; denn in dem Buche der Offenbarung finden wir einen Schlüssel zu diesen Worten. Der heilige Johannes, welcher sich augenscheinlich auf das Buch Daniels bezieht, schreibt von dem Tier, d.h. von der verfolgenden Macht, die gewaltig auf Erden herrschen soll: „Es wurde ihm gegeben, Krieg zu führen mit den Heiligen und sie zu überwinden." Hier haben wir nun vier verschiedene Weissagungen von einer Verfolgung, die von dieser antichristlichen Macht über die Kirche verhängt werden wird. Ich will daher so kurz als möglich hervorheben, was in den Ereignissen, die jetzt um uns vorgehen, zu diesem Resultat zu führen scheint.

---

[1] Kap 7,25.
[2] Kap 8, 10, 11.
[3] Kap 9, 27.

1. Das erste Wahrzeichen oder Merkmal dieser kommenden Verfolgung ist eine Gleichgültigkeit gegen die Wahrheit. Gerade wie vor einem Sturme Totenstille herrscht, so ist vor einem Ausbruche eine Zeit der Ruhe. Das Zeichen, das sicherer als jedes andere den Ausbruch einer künftigen Verfolgung verkündigt, ist eine gewisse verächtliche Gleichgültigkeit gegen Wahrheit oder Lüge. Das alte Rom nahm in der Blüte seiner Macht jede falsche Religion von seinen unterworfenen Völkern auf und gab jeder von ihnen einen Tempel innerhalb seiner Mauern. Es war durchaus gleichgültig gegen alle religiösen Kulte der Erde. Es ermutigte sie; denn jedes Volk hatte seinen eigenen Aberglauben, und dieser eigene Aberglaube war ein Mittel, die Völker, die innerhalb seiner Tore einen Tempel bauen durften, in Ruhe und Gehorsam zu erhalten. In gleicher Weise sehen wir die Nationen der christlichen Welt in diesem Augenblicke nach und nach alle, auch einander widersprechende, religiöse Sekten aufnehmen, d.h. ihnen, wie man sagt, vollkommene Duldung gewähren. Man anerkennt keinen Unterschied der Wahrheit oder Falschheit zwischen der einen Religion oder der andern, sondern lässt alle religiösen Sekten ihren Weg gehen. Ich sage nicht ein Wort gegen dieses System, wenn es unvermeidlich ist. Es ist das einzige System, wodurch jetzt die Gewissensfreiheit erhalten wird. Ich sage nur, erbärmlich ist der Zustand der Welt, in welcher zehntausend Gifte rings um eine einzige Wahrheit wachsen; erbärmlich ist der Zustand eines Landes, wo die Wahrheit nur geduldet wird. Dies ist ein Zustand großer geistiger Gefahr, und doch scheint es, es gibt keine Alternative, als daß die Staatsgewalt vollkommene Gewissensfreiheit gestattet und sich daher vollkommen indifferent verhält.

Wir wollen nun die Folgen betrachten. Zuerst wird die göttliche Stimme der Kirche dadurch ganz ignoriert. Man sieht keinen Unterschied zwischen einer Glaubenslehre und einer menschlichen Meinung. Beide dürfen frei ihre Wege gehen. Glaubenslehren werden mit allen Formen von Häresie vermischt, bis wir wie in England alle erdenklichen Glaubensformen haben, von dem Konzil von Trient in all seiner Strenge und Vollkommenheit auf der einen Seite bis zu dem Katechismus der positiven Religion auf der andern. Wir haben alle Arten von religiösen Meinungen, die von den zwei Extremen ausgehen, und sich frei entwickeln dürfen; das eine Extrem ist die Anbetung Gottes, der für uns Fleisch geworden, in der Einheit und Dreifaltigkeit, und das andere die Leugnung Gottes und der Kult der Menschheit. Indem die Staatsgewalt die göttliche Stimme der Kirche natürlich leugnet und ignoriert, muß sie die göttliche Einheit der Kirche ignorieren und jede Art von Glaubenserkenntnis oder alle miteinander zulassen; so, daß das Volk in religiöse Sekten zerteilt wird, und das Gesetz der Einheit ganz verloren geht. Alle positive Wahrheit ferner als solche ist verachtet; denn wer soll sagen, wer Recht hat und wer Unrecht, wenn kein göttlicher Lehrer da ist? Wenn es keinen göttlichen Richter gibt, wer soll sagen, was wahr und was falsch ist zwischen widerstreitenden religiösen Meinungen? Ein Staat, der sich von der Einheit der Kirche getrennt und dadurch die Leitung des göttlichen Lehrers verloren hat, ist nicht im Stande, durch irgendeines seiner Tribunale, sei es ein bürgerliches oder ein geistliches, zu bestimmen, was in einer bestrittenen religiösen Frage wahr ist und was falsch. Und dann entsteht, wie wir wissen, ein tiefer Hass alles dessen, was Dogmatismus heißt, d.h. jeder positiven Wahrheit, alles dessen, was genau bestimmte Grenzen hat, jeder Glaubensform, die in besonderen Dogmen ausgedrückt ist. Alles dies ist durchaus nicht nach dem Geschmacke von Leuten, die grundsätzlich alle Arten von religiösen Meinungen ermutigen. Wir kommen in der Tat in den Zustand des Festus, der, als er hörte, daß die Juden eine Klage gegen den heiligen Paulus hatten, erklärte, er finde keine Klage gegen ihn, woraus er Böses vermuten könnte; denn es seien gewisse Streitfragen über die Religion und über einen gewissen verstorbenen Jesus, von dem Paulus behauptete, daß er noch lebe. Dies nun ist gerade der Zustand der Indifferenz, in welchen die Staatsgewalten allmählich hinabgesunken sind, und ebenso die Völker, welche sie regieren.

2. Der nächste Schritt ist sodann die Verfolgung der Wahrheit. Als Rom jeden Götzendienst im ganzen Römischen Reiche erlaubte, gab es nur *eine* Religion, die man eine *religio illicita* nannte, eine ungesetzliche Religion, und es gab nur *eine* Gesellschaft, die eine *societas illicita* oder eine ungesetzliche Gesellschaft hieß. Man konnte die zwölf Götter Ägyptens anbeten oder den Jupiter Eapitolinus oder die Dea Roma, aber man durfte nicht den Gott des Himmels anbeten, man durfte nicht anbeten Gott, geoffenbart in seinem Sohne. Sie glaubten nicht an die Menschwerdung, und jene *eine* Religion, welche allein wahr ist, war die einzige Religion, die nicht geduldet wurde. Es gab Priester des Jupiter, der Eybele, der Fortuna und der Besta; es gab alle moglichen geistlichen Bruderschaften und Orden und Sozietäten, und ich weiß nicht was; aber es gab *eine* Gesellschaft,

welche nicht existieren durfte, und dies war die Kirche des lebendigen Gottes. Mitten in dieser allgemeinen Toleranz gab es nur *eine* Ausnahme, die mit der schärfsten Genauigkeit beobachtet wurde, wonach die Wahrheit und die Kirche Gottes von der Welt ausgeschlossen sein sollten. Dies nun muß unvermeidlich wiederkommen, weil die Kirche unbeugsam ist in der ihr anvertrauten Mission. Die katholische Kirche wird niemals eine Lehre auf das Spiel setzen; sie wird nie gestatten, daß zwei Lehrsysteme innerhalb ihres Schoßes vorgetragen werden; sie wird der Staatsgewalt nie gehorchen, wenn sie ein Urteil fällt in Sachen, die geistlich sind. Die katholische Kirche ist durch das göttliche Gesetz verbunden, lieber das Martyrium zu erleiden als eine Lehre aufzugeben oder dem Gesetze der Staatsgewalt zu gehorchen, welches des Gewissen verletzt, und mehr als dies, sie ist nicht nur verbunden, einen passiven Ungehorsam entgegen-zusetzen, was in einem Winkel geschehen kann und deshalb nicht entdeckt wird, und weil nicht entdeckt, nicht gestraft, sondern die katholische Kirche kann nicht stillschweigen; sie kann nicht ruhig sein; sie kann nicht aufhören, die Lehren der Offenbarung zu predigen, nicht nur über die Dreieinigkeit und über die Menschwerdung, sondern ebenso über die sieben Sakramente, über die Unfehlbarkeit der Kirche und über die Notwendigkeit der Einheit und über die Souveränität, sowohl die geistliche als die weltliche, des Heiligen Stuhls. Weil sie nicht stillschweigen will und keinen Kompromiss eingehen kann und weil sie in Sachen, die zu ihrer eigenen göttlichen Prärogative gehören, nicht gehorchen will, deshalb steht sie allein in der Welt; denn es gibt keine andere sogenannte Kirche, noch irgendeine Gemeinschaft, die sich für eine Kirche ausgibt, welche sich nicht unterwirft oder gehorcht, oder stillschweigt, wenn die Staatsgewalt es befiehlt. Es sind noch nicht zehn Jahre, so hörten wir von einer Entscheidung in Sachen der Taufe, wobei es sich um die Lehre von der Erbsünde einerseits, und um die Lehre von der zuvorkommenden Gnade andererseits handelte, und weil ein bürgerlicher Richter den Ausspruch tat, es sei in der etablierten Kirche Englands erlaubt, ungestraft zwei einander entgegengesetzte Lehren vorzutragen, so waren Bischöfe, Priester und Volk damit zufrieden oder wenigstens sagten sie: „Wir können nichts anderes machen; die Staatsgewalt erlaubt es, beides zu predigen; was können wir tun? Wir werden verfolgt, und darum schweigen wir; wir fahren fort, Gottesdienst zu halten unter einem Staatsgesetze, das uns zwingt, es zu ertragen, daß derjenige, der am Morgen vor uns predigt, oder derjenige, der am Nachmittag nach uns predigen wird, vielleicht eine Lehre vorträgt, die in geradem Widerspruche damit steht, was, wie wir wissen, die geoffenbarte Lehre Gottes ist, und weil die Staatsgewalt es so bestimmt hat, so sind wir nicht dafür verant-wortlich, und die etablierte Kirche ist nicht verantwortlich, weil sie verfolgt wird." Dies nun ist der charakteristische Unterschied zwischen einem menschlichen, durch das bürgerliche Gesetz einge-führten System, und der Kirche Gottes. Würde es in der Kirche, welche die katholische und römische ist, erlaubt sein, wenn ich jetzt leugnete, daß jedes getaufte Kind die Eingießung der wiedergebärenden Gnade empfängt? Was wurde aus mir bis morgen werden? Ihr wisset ganz gut, daß, wenn ich auch nur um ein Jota oder ein Tüttelchen von dem heiligen katholischen Glauben abweichen würde, der uns durch die göttliche Stimme der Kirche überliefert ist, ich sogleich suspendiert würde, und keine Staatsgewalt in der Welt könnte mich wieder zur Ausübung meiner geistlichen Gerechtsame ermächtigen; kein bürgerlicher Richter oder Potentat könnte mir die Ausspendung der Sakramente wieder gestatten, solange nicht die geistliche Autorität es mir erlaubte.

Dies ist also der charakteristische Unterschied, der eines Tages über die Kirche in allen Ländern, wo dieser Geist der religiösen Gleichgültigkeit sich festgesetzt hat, eine Verfolgung von Seiten der Staatsgewalt bringen wird. Und noch aus einem andern Grunde, weil der Unterschied zwischen der katholischen Kirche und jeder anderen Gesellschaft folgender ist: Andere Gesellschaften sind freiwillige Vereine, d.h. die Leute schließen sich an irgendeine Körperschaft an, und wenn sie nach besserer Erkenntnis sie nicht mehr mögen, so gehen sie ihres Weges. Sie werden Baptisten oder Anabaptisten oder Episcopalen oder Unitarier oder Presbyterianer, bis sie etwas finden, was ihnen in diesen Systemen nicht gefällt, und dann gehen sie weiter und vereinigen sich entweder mit einer anderen religiösen Genossenschaft oder sie bleiben für sich. Weil diese Gesellschaften keinen Anspruch darauf haben, den Willen zu regieren, so besteht alles, was sie tun, darin, daß sie lehren. Sie gleichen den Schulen der Alten, und ihre Lehre ist eine Art von christlicher Philosophie. Sie legen ihre Lehren denjenigen vor, die ihnen zuhören wollen, und wenn sie zuhören und mit ihnen übereinstimmen, so bleiben sie bei ihnen; wo nicht, so gehen sie weiter. Aber wo ist die Herrschaft über den

Willen? Können sie sagen: „Im Namen Gottes und bei Todesstrafe müßt ihr glauben, daß Gott Fleisch geworden und daß unser Herr im Fleische sich auf dem Altare zum Opfer bringt; daß die von dem Sohne Gottes eingesetzten Sakramente sieben sind, und daß sie alle die Gnade des Heiligen Geistes mit sich bringen?" Wenn sie nicht eine Autorität über den Willen wie über den Verstand haben, so sind sie nur eine Schule und nicht ein Reich. Dies ist aber ein Merkmal, das jeder Gesellschaft gänzlich mangelt, die nicht den Anspruch machen kann, im Namen unseres Herrn und mit einer göttlichen Stimme zu regieren. Deshalb unterscheidet sich die Kirche von jeder anderen Gesellschaft in dem Punkte, daß sie nicht nur ein Verein von Leuten ist, die sich freiwillig zusammentun, sondern daß sie ein Reich ist. Sie hat eine gesetzgebende Versammlung; die Reihe ihrer Konzilien hat seit achtzehnhundert Jahren mit aller Feierlichkeit und Majestät eines kaiserlichen Parlaments beraten und beschlossen. Sie hat eine Exekutivgewalt, welche die Beschlüsse jener Konzilien ausführt und ihnen Nachdruck gibt mit aller Ruhe und peremptorischen Entschiedenheit eines kaiserlichen Willens. Die Kirche ist daher ein Reich im Reiche, und die Regenten und Fürsten dieser Welt sind gerade aus diesem Grunde auf sie eifersüchtig. Sie sagen: „*Nolumus hunc regnare super nos.*" Wir wollen nicht, daß dieser Mann über uns regiere. Gerade, weil der Sohn Gottes, als er kam, ein Reich auf Erden stiftete, regiert in jedem Lande und unter jedem Volke die katholische Kirche mit der Autorität der allgemeinen Kirche Gottes. Darum wurde vor zehn Jahren die Luft mit dem wilden Geschrei „über päpstliche Eingriffe" erfüllt. Der natürliche Instinkt der Zivilgewalt wußte, daß es nicht bloß eine christliche Philosophie war, die von fremden Landen hereinkam, sondern eine Regierung, eine Macht und eine Souveränität. Aus diesem Grunde macht auch die extreme liberale Schule - diejenigen, welche für jede Glaubensform Duldung ansprechen und lehren, daß es die Pflicht der Staatsgewalt sei, sich nie in religiöse Händel einzumischen, sondern daß alle Menschen in ihrem Glauben frei sein und vollkommene Gewissensfreiheit haben sollen - ich sage sogar, diese extreme liberale Schule macht eine Ausnahme, und behauptet im seltsamsten Widerspruche mit allen ihren Prinzipien oder wenigstens mit ihren öffentlich ausgesprochenen Lehren, daß die katholische Kirche, da sie nicht nur ein Lehrsystem, sondern auch eine Macht oder eine Regierungsgewalt ist, von der allgemeinen Toleranz ausgenommen werden müsse. Und dies ist gerade der Punkt für eine künftige Kollision. Es ist dies gerade der Grund, warum die Erzbischöfe von Köln, Turin, Cagliari und andere in die Verbannung wanderten, und warum gegenwärtig neunzehn bischöfliche Stühle in Sardinien erledigt sind. Die Ursache, warum in Italien so viele Bischöfe gegenwärtig von ihren Sitzen vertrieben sind, ist, weil in diesem Lande die protestantische Religion statt der katholischen Wahrheit eingeführt werden will. Es ist derselbe alte Streit, so alt wie das Christentum selbst, der vom Anfange an gewesen ist, zuerst mit den Heiden und dann mit den Häretikern, Schismatikern und Ungläubigen und der fortdauern wird bis ans Ende der Welt. Der Tag ist nicht ferne, wo die Völker der Welt, die jetzt so ruhig und friedlich in der Stille ihrer allgemeinen religiösen Gleichgültigkeit beisammen wohnen, leicht aufgeregt werden können, und wo man noch einmal in ihren Verfassungsurkunden Pönalgesetze finden kann.

3. Dies führt uns geraden Wegs zu den Merkmalen, welche der Prophet von der Verfolgung der letzten Tage angibt. Es sind drei Dinge, die er aufgezeichnet hat. Im prophetischen Geiste sah er folgende drei Zeichen:

1. Daß das beständige Opfer weggenommen werden würde,
2. Daß das Heiligtum mit dem Greuel der Verwüstung erfüllt werde,
3. Daß etliche „vom Heere", „von den Sternen" herabgeworfen.

Diese drei Zeichen nun will ich näher betrachten.

Zuerst, was heißt dies Hinwegnehmen des beständigen Opfers? Es wurde hinweggenommen im Vorbilde bei der Zerstörung Jerusalems. Das Opfer des Tempels, d.h. des Lammes am Morgen und Abend im Tempel Gottes wurde mit der Zerstörung des Tempels selbst ganz aufgehoben. Nun aber sagt der Prophet Malachias: „Vom Aufgange der Sonne bis zum Untergange wird mein Name groß sein unter den Völkern, und an allen Orten wird meinem Namen geopfert und ein reines Opfer dargebracht."[1] Diese Stelle aus dem Propheten ist von den Kirchenvätern, von dem heiligen Irenäus und dem heiligen Justinian, so erklärt worden, es sei hier das Opfer der heiligen Eucharistie, das wahre Passahlamm gemeint, welches an die Stelle des Vorbildes trat, nämlich das Opfer Jesu selbst auf dem

---

[1] Malach 1, 11.

Kalvarienberge, beständig erneuert und fortgesetzt in dem Opfer auf dem Altare. Ist aber dies beständige Opfer hinweggenommen? Das, was in alten Tagen ein Vorbild von ihm war, ist bereits hinweggeräumt. Ist aber die Wirklichkeit auch hinweggenommen? Die heiligen Väter, welche über den Antichrist und über diese Weissagungen Daniels geschrieben haben, sagen ohne eine einzige Ausnahme, soviel ich weiß - und es sind die Väter sowohl der griechischen als der lateinischen Kirche - daß in den letzten Zeiten der Welt unter der Herrschaft des Antichrist das heilige Opfer des Altars aufhören wird.[1] In dem Werke über das Ende der Welt, das dem heiligen Hippolyt zugeschrieben wird, lesen wir nach einer langen Beschreibung der Trübsale in den letzten Tagen, wie folgt: „Die Kirchen werden einen großen Jammer erheben; denn es wird kein Opfer mehr dargebracht werden noch Weihrauch noch eine Gott wohlgefällige Verehrung. Die heiligen Gebäude der Kirche werden wie Schoppen aussehen, und der kostbare Leib und das kostbare Blut Christi wird in jenen Tagen verschwunden sein; die Liturgie wird erloschen sein und der Psalmen Gesang verstummen; die Lesung der Heiligen Schrift wird nicht mehr gehört werden. Aber auf den Menschen wird Finsternis lagern, und Trauer wird kommen über Trauer und Wehe über Wehe."[2] Dann wird die Kirche zerstreut werden und in die Wildnis getrieben und wird eine Zeitlang, wie es im Anfang war, unsichtbar sein, verborgen in Katakomben, in Berghöhlen und Verstecken; einige Zeit wird sie gleichsam von der Oberfläche der Erde weggefegt sein.

---

[1] Malvenda, lib. VIII. c. 4.
[2] St. Hippolyto tributus Liber de Consum. Mundi. §. 34.

Dies ist das allgemeine Zeugnis der Väter in den ersten Jahrhunderten. Ist jemals etwas vorgekommen, was ein Vorläufer eines solchen Ereignisses genannt werden könnte? Blicket in das Morgenland. Der Aberglaube Mohameds, welcher in Arabien aufstand, sich hinzog über Palästina und Kleinasien, das Land der sieben Kirchen, und über Ägypten und Nordafrika, die Heimat des heiligen Augustin, des heiligen Cyprian und des heiligen Optatus, und endlich nach Konstantinopel drang, wo er bald herrschend wurde, hat überall den Kult Jesu Christi verfolgt und unterdrückt. Der Aberglaube Mohameds besitzt gegenwärtig zu seinen Moscheen eine Menge christlicher Kirchen, in welchen das beständige Opfer bereits hinweggenommen und der Altar gänzlich zerstört ist. In Alexandria und in Konstantinopel stehen Kirchen, die für den christlichen Kult erbaut wurden, welche noch nie der Fuß eines Christen betreten hat, seitdem das beständige Opfer hinweggenommen ist. Gewiss sehen wir hierin wenigstens zum Teil die Erfüllung dieser Prophezeiung, so daß viele Ausleger behaupten, Mohamed sei der Antichrist, und es werde kein anderer mehr kommen. Ohne Zweifel war er einer der vielen Vorläufer und Vorbilder des Antichristen, der kommen soll. Nun wollen wir in die abendländische Welt blicken. Ist das beständige Opfer in irgendeinem Lande hinweggenommen, z. B. in allen jenen Kirchen des protestantischen Deutschlands, die einst katholisch waren, wo das heilige Opfer der Messe täglich dargebracht wurde? In ganz Norwegen und Schweden und Dänemark und in der Hälfte der Schweiz, wo es eine Menge alter katholischer Kirchen gibt? Oder in ganz England, in den Kathedralen und Pfarrkirchen dieses

Landes, die als Heiligtümer zur Darbringung des heiligen Opfers erbaut wurden? Was ist das charakteristische Merkmal der Reformation, wenn nicht die Verwerfung der Messe und alles dessen, was zu ihr gehört, da sie in den neununddreißig Artikeln der Kirche Englands als Gotteslästerung und gefährlicher Betrug erklärt ist? Die Unterdrückung des beständigen Opfers ist vor allem der Charakterzug der protestantischen Reformation. Wir finden also, daß diese Prophezeiung bereits sowohl im Morgen- als im Abendlande ihre Erfüllung gefunden hat, gleichsam in den zwei Flügeln, während in dem Herzen der Christenheit das heilige Opfer noch dargebracht wird.

Was ist die große Flut des Unglaubens, der Revolution und der Anarchie, die jetzt die Grundlagen der christlichen Gesellschaft anfrißt, nicht nur in Frankreich, sondern auch in Italien, und die jetzt Rom, den Mittelpunkt und das Heiligtum der katholischen Kirche, umschließt - was ist sie anders als der Greuel, welcher das Heiligtum verwüstet und das beständige Opfer hinwegnimmt? Die geheimen Gesellschaften haben seit langem die christliche Gesellschaft Europas unterminiert und durchlöchert und streben jetzt vorwärts nach Rom, dem Mittelpunkt aller christlichen Ordnung in der Welt. Die Erfüllung der Prophezeiung soll noch kommen, und das, was wir in den zwei Flügeln gesehen, werden wir auch im Mittelpunkte sehen, und jenes große Heer der Kirche Gottes wird für einige Zeit zerstreut werden. Es wird eine Weile scheinen, als sei es vernichtet, und die Macht der Feinde des Glaubens wird einige Zeit die Oberhand haben. Das beständige Opfer wird hinweggenommen und das Heiligtum verunreinigt sein. Was kann buchstäblicher der Greuel der Verwüstung sein als die Häresie, welche die Gegenwart des lebendigen Gottes von dem Altare entfernt hat? Wenn ihr diese Weissagung von der Verwüstung verstehen wollet, so gehet in eine Kirche, die einst katholisch war, wo jetzt kein Lebenszeichen mehr sich regt; sie steht leer und öde, ohne Altar, ohne Tabernakel, ohne die Gegenwart Jesu. Und das, was bereits im Morgen- und im Abendlande geschehen ist, dehnt sich jetzt nach dem Mittelpunkt der katholischen Einheit hin aus.

Der protestantische Geist Englands und der schismatische Geist selbst in Ländern, die dem Namen nach katholisch sind, betreibt gegenwärtig die große antikatholische Bewegung Italiens. Feindseligkeit gegen den Heiligen Stuhl ist das wahre und leitende Motiv. Und so kommen wir zu dem dritten Merkmal, zu dem Sturze „des Fürsten der Heeresmacht", das heißt der göttlichen Autorität der Kirche und namentlich desjenigen, in dessen Person sie verkörpert ist, des Statthalters Jesu Christi. Gott hat ihn mit Herrscherwürde bekleidet und ihm eine Heimat und ein Erbgut gegeben auf Erden. Die Welt steht in Waffen, um ihn abzusetzen und ihm keinen Ort zu lassen, kein Haupt darauf zu legen. Rom und die römischen Staaten sind das Erbe der Menschwerdung Gottes. Die Welt ist entschlossen, die Menschwerdung von der Erde zu vertreiben. Sie will nicht dulden, daß sie auch nur so viel besitze, um die Fußsohle darauf zu setzen. Dies ist die wahre Auslegung der antikatholischen Bewegung in Italien und England: *„Tolle hunc de terra."* Die Entthronung des Statthalters Christi ist die Entthronung der Hierarchie der allgemeinen Kirche und die öffentliche Verwerfung der Gegenwart und des Reiches Jesu.

4. Wenn ich nun genötigt bin, etwas in die Zukunft einzugehen, so werde ich mich darauf beschränken, nur einen sehr allgemeinen Umriss davon zu zeichnen. Die unmittelbare Tendenz aller Ereignisse, die wir gegenwärtig sehen, ist offenbar diese, den katholischen Kultus in der ganzen Welt zu stürzen. Bereits sehen wir, daß jede Regierung in Europa die Religion von ihren öffentlichen Akten ausschließt. Die Staatsgewalt entweiht sich selbst; die Regierung ist ohne Religion, und wenn die Regierung ohne Religion ist, dann muß auch die Erziehung ohne Religion sein. Wir sehen dies schon in Deutschland und in Frankreich. Es wurde wiederholt in England versucht. Die Folge davon kann nichts anderes sein als die Wiederherstellung der bloß natürlichen Gesellschaft, das heißt, die Regierungen und die Mächte der Welt, die von der Kirche Gottes zum Glauben an das Christentum, zum Gehorsam gegen die Gesetze Gottes und zu der Einheit der Kirche gebracht wurden, haben sich gegen dieselbe empört und sich selbst entweiht und sind in ihren natürlichen Zustand zurückgefallen.

Der Prophet Daniel sagt im zehnten Kapitel, daß zur Zeit des Endes „viele werden ausgeschieden, gereinigt und wie im Feuer bewährt werden; die Gottlosen aber werden gottlos handeln, und alle die Gottlosen werden es nicht verstehen, aber die Erleuchteten werden es verstehen," das heißt, viele, die den Glauben erkannt haben, werden ihn verlassen. „Von den Erleuchteten werden einige fallen,"[1] das heißt, sie werden abfallen von ihrer Treue gegen Gott. Und wie soll dies geschehen? Teils aus Furcht, teils aus Täuschung, teils aus Feigheit, teils, weil sie nicht für eine unpopuläre Wahrheit gegen eine populäre Lüge sich erheben wollen, teils, weil die vorherrschende öffentliche Meinung, z. B. in einem Lande wie das unsrige, und in Frankreich, die Katholiken so einschüchtert, daß sie es nicht wagen, ihre Grundsätze zu bekennen und wenigstens nicht so keck sind, sie zu beobachten. Sie werden Bewunderer und Anbeter der materiellen Wohlfahrt protestantischer Länder. Sie sehen den Handel, die Manufakturen, den Ackerbau, das Kapital, die praktischen Wissenschaften, die unwiderstehlichen Heere und die Flotten, welche das Meer bedecken, und sie kommen hereingeströmt, um anzubeten, und sagen: „Nichts ist so groß als dieses protestantische England." Und so geben sie ihren Glauben auf und werden, indem sie nach den Schätzen dieser Welt suchen, geblendet und überwältigt von der Größe eines Landes, das seine Treue gegen die Kirche abgelegt hat.

5. Das letzte Resultat aber von all diesem wird eine Verfolgung sein, die zu beschreiben ich nicht versuchen will. Es ist genug, wenn wir uns an die Worte unseres göttlichen Meisters erinnern: „Ein Bruder wird den andern dem Tode überliefern;" es wird eine Verfolgung sein, wo niemand seinen Nachbar schonen wird, wo die Mächte der Welt an der Kirche Gottes eine solche Rache ausüben werden, wie die Welt nie zuvor erfahren. Das Wort Gottes sagt uns, daß gegen das Ende der Zeit die

---

[1] Daniel 11, 35

Macht der Welt so unwiderstehlich und so triumphierend werden wird, daß die Kirche unter ihren Händen niedersinken wird; daß die Kirche keine Hilfe mehr erhalten wird von Kaisern, Königen oder Fürsten oder Völkern der Erde, um der Macht ihres Gegners Widerstand zu leisten. Sie wird alles Schutzes beraubt sein. Verachtet und verspottet wird sie blutend im Staube liegen zu den Füßen der Mächte dieser Welt. Scheint dies unglaublich? Was sehen wir denn in diesem Augenblicke? Betrachtet die katholische Kirche in der ganzen Welt. War sie jemals ihrem göttlichen Haupte ähnlicher in der Stunde, da er an Händen und Füßen von denen gebunden ward, die ihn verrieten? Sehet die katholische Kirche an, die noch unabhängig ist und treu an ihrem göttlichen Vermächtnis hängt, und dennoch von den Völkern der Welt verworfen wird. Betrachtet den Heiligen Vater, den Statthalter unseres Herrn, wie er in diesem Augenblicke verspottet, verachtet, verraten, verlassen und seines Eigentums beraubt wird. Wann, frage ich, war die Kirche jemals in den Augen der Menschen in einem schwächeren Zustande? Und woher, frage ich, soll die Befreiung kommen? Gibt es auf Erden eine Macht, die sich für sie verwendete? Gibt es einen König, Fürsten oder Potentaten, der die Macht hat, entweder seinen Willen oder sein Schwert zum Schutze der Kirche in die Waagschale zu legen? Nicht einen, und es ist vorausgesagt, daß es so sein werde. Auch dürfen wir dies nicht wünschen; denn der Wille Gottes scheint anders zu sein. Aber es gibt eine Macht, die alle Gegner vernichten wird; es gibt eine Person, welche alle Feinde der Kirche zu Staub zermalmen wird; denn Er ist es, der seine Feinde verzehren wird mit dem Hauch seines Mundes und sie vernichten wird mit dem Glanze seiner

Ankunft. Es scheint, als ob der Sohn Gottes eifersüchtig wäre, daß sonst niemand seine Autorität rächen sollte. Er hat den Kampf sich selbst vorbehalten; Er hat den Handschuh aufgenommen, der ihm hingeworfen wurde. Und die Prophezeiung ist klar und deutlich, daß die letzte Niederlage des Bösen s e i n Werk sein werde; daß es von n i e m a n d g e t a n werden wird als von dem Sohne Gottes; damit alle Völker der Welt erkennen, daß Er und Er allein König ist und daß Er und Er allein Gott ist. Wir lesen in dem Buche der Offenbarung von der Stadt Rom, daß sie in dem Stolze ihres Herzens sprach: „Ich throne als Königin, Witwe bin ich nicht, Trauer werde ich nicht sehen. Darum werden ihre Plagen an einem Tage kommen, Tod und Trauer und Hunger, und mit Feuer wird sie verbrannt werden; denn stark ist Gott, der sie richten wird."[1] Einige von den bedeutendsten Schriftstellern der Kirche sagen uns, daß nach aller Wahrscheinlichkeit bei der letzten Niederlage der Feinde Gottes die Stadt Rom selbst werde zerstört werden; sie wird zum zweiten Mal von dem allmächtigen Gotte gestraft werden, wie es im Anfange war. Es gab nie eine Zerstörung auf Erden, die sich mit dem Falle Roms in den alten Tagen vergleichen ließe. Der heilige Gregor der Große schreibt davon: „Noch vor kurzem sah man Rom als die Herrin der Welt; was es jetzt ist, das sehen wir. Es wurde durch alle Arten grenzenlosen Elendes in den Staub geworfen, und so sehen wir an ihm die Worte des Propheten über die Stadt Samaria erfüllt. Wo ist der Senat, wo jetzt das Volk? Die Gebeine sind zerfallen, und das Fleisch ist verzehrt. Alle Pracht weltlicher Größe ist an ihm erloschen. Sein ganzer Bau ist aufgelöst, und wir,

---

[1] Apok 18, 7. 8.

die wenigen, die noch übrig sind, werden Tag für Tag durch das Schwert und durch unzählige Trübsal hingerafft. Rom ist leer und abgebrannt, und selbst seine Mauern fallen ein. Wo sind sie nun, die einst seiner Herrlichkeit sich rühmten?"[1] Wo ist ihr Stolz, wo ihr beständiger und unmäßiger Jubel? Nie sah man Ruinen, ähnlich denen der großen Stadt auf den sieben Hügeln, nachdem die Worte des Propheten erfüllt waren: „Babylon ist gefallen - wie ein großer Mühlstein, der in das Meer geworfen wird."

Die Kirchenschriftsteller sagen uns, daß in den letzten Tagen die Stadt Rom wahrscheinlich von der Kirche und dem Statthalter Christi abfallen wird und daß Rom wieder werde gestraft werden; denn er werde aus der Stadt fortziehen, und das Gericht Gottes werde auf den Ort fallen, von welchem aus er einst über die Völker der Welt regierte. Denn was ist es, was Rom geheiligt macht, als die Gegenwart des Statthalters Jesu Christi? Was hat es, das den Augen Gottes teurer ist als nur die Gegenwart des Statthalters seines Sohnes? Wenn die Kirche Christi aus Rom fortzieht, so wird Rom in den Augen Gottes nicht mehr sein als einst Jerusalem. Jerusalem, die Heilige Stadt, von Gott erwählt, wurde gestürzt und vom Feuer verzehrt, weil es den Herrn der Herrlichkeit kreuzigte, und die Stadt Rom, welche der Sitz des Statthalters Christi seit achtzehnhundert Jahren gewesen, wird, wenn es vom Glauben abfällt, wie einst Jerusalem, eine ähnliche Strafe erleiden. Deshalb sagen uns die Schriftsteller der Kirche, daß die Stadt Rom keinen Vorzug hat außer dem, daß der Statthalter Christi

---

[1] St. Greg. lib. 2. hom. 7. in Ezech.

hier wohnt, und wenn es ungläubig wird, so werden die nämlichen Gerichte, die Jerusalem trafen, obwohl es durch die Gegenwart des Sohnes Gottes, des Meisters und nicht bloß des Jüngers, geheiligt war, ebenso auch Rom treffen.

Der Abfall der Stadt Rom von dem Statthalter Christi und seine Zerstörung durch den Antichrist sind für manche Katholiken vielleicht so neue Gedanken, daß ich es für angemessen halte, den Text von Gottesgelehrten, die im größten Ansehen stehen, anzuführen. Malvenda, welcher ausdrücklich über den Gegenstand schreibt, führt als die Meinung des Ribera, des Kaspar Melius, Viegas, Suarez, Bellarmin und des Bosius an, daß Rom von Glauben abfallen, den Statthalter Christi vertreiben und wieder zum alten Heidentum zurückkehren werde.[1] Malvendas Worte lauten: „Aber Rom selbst wird in den letzten Zeiten der Welt zu seinem alten Götzendienst, zu seiner kaiserlichen Größe und Macht zurückkehren. Es wird den Papst vertreiben, ganz vom christlichen Glauben abfallen, die Kirche schrecklich verfolgen, das Blut der Märtyrer grausamer als je vergießen und seinen früheren Reichtum oder sogar noch größeren wiedererlangen, als es unter seinen ersten Beherrschern hatte.“

Lessius sagt: „Zur Zeit des Antichrist wird Rom zerstört werden, wie wir deutlich aus dem dreizehnten Kapitel der Offenbarung sehen“, und ferner: „Das Weib, das du sahest, ist die große Stadt, die die Herrschaft hat über die Könige der Erde und mit welcher Rom

---

[1] Malvenda de Antichristo lib. 4. c. 5

bezeichnet ist in seiner Gottlosigkeit, wie es zur Zeit des heiligen Johannes war und wieder sein wird am Ende der Welt." Und Bellarmin: „Zur Zeit des Antichrist wird Rom verwüstet und verbrannt werden, wie wir aus dem sechzehnten Verse des siebenzehnten Kapitels der Offenbarung lernen." Diese Worte erklärt der Jesuit Erbermann folgendermaßen: „Wir alle glauben mit Bellarmin, daß das römische Volk ein wenig vor dem Ende der Welt wieder in das Heidentum zurückkehren und den Papst vertreiben werde."

Viegas sagt über das achtzehnte Kapitel der Offenbarung: „Rom wird in dem letzten Zeitalter der Welt, nachdem es von dem Glauben abgefallen, zu großer Macht und Herrlichkeit gelangen, und sein Reich wird sich weithin über die Welt verbreiten. Lebend in Üppigkeit und im Überfluß aller Dinge wird es Götzen anbeten, alle Arten von Aberglauben annehmen und falschen Göttern Ehre erweisen. Und wegen des vielen Blutes der Märtyrer, das unter den Kaisern vergossen wurde, wird Gott überaus streng und gerecht dieselben rächen; und die Stadt wird gänzlich zerstört und durch den furchtbarsten Brand verwüstet werden."

Endlich fasst Cornelius a Lapide kurz zusammen, was man die gemeinschaftliche Auslegung der Gottesgelehrten nennen kann. Indem er dasselbe achtzehnte Kapitel der Apokalypse erklärt, sagt er: „Diese Dinge sind von der Stadt Rom zu verstehen, nicht von der, die jetzt ist, noch von der, die war, sondern die am Ende der Welt sein wird. Denn dann wird die Stadt Rom ihren früheren Glanz wieder annehmen, aber ebenso ihren Götzendienst und andere Sünden, und wird so sein, wie sie war zur Zeit des heiligen Johannes unter Nero, Domitian, Decius .... Sie wird wieder heidnisch werden, sie wird den Papst und die Gläubigen vertreiben, die ihm anhängen. Sie wird sie verfolgen und erschlagen. Sie wird in Verfolgung gegen die Christen wetteifern mit den heidnischen Kaisern. Denn so wie wir sehen, daß Jerusalem zuerst heidnisch war unter den Kananitern, dann gläubig unter den Juden, drittens christlich unter den Aposteln, viertens wieder heidnisch unter den Römern und fünftens sarazenisch unter den Türken, ebenso glaubt man, werde die Geschichte Roms sein: heidnisch unter den Kaisern, christlich unter den Aposteln, abtrünnig unter der Revolution und wieder heidnisch unter dem Antichrist. Nur Jerusalem konnte so sehr sündigen und so tief fallen; nur Jerusalem war so erwählt, so erleuchtet und geheiligt. Und wie kein Volk jemals so grimmig war in der Verfolgung Jesu wie die Juden, so, fürchte ich, wird keines grausamer sein gegen den Glauben als die Römer."

Ich habe nun bloß einen Umriß von den künftigen Ereignissen zu geben gesucht und es nie gewagt, den zu bezeichnen, der diese Taten verrichten soll. Davon weiß ich nichts, aber ich kann mit der vollkommensten Gewißheit aus dem Worte Gottes und aus den Erklärungen der Kirche die Haupt-prinzipien nachweisen, die auf beiden Seiten im Streite sind. Ich begann damit zu zeigen, daß der Antichrist und die antichristliche Bewegung folgende Merkmale hat: erstens Trennung von der Kirche; zweitens Leugnung ihrer göttlichen und unfehlbaren Stimme und drittens Leugnung der Menschwerdung. Der Antichrist ist daher der Todfeind der einen, heiligen, katholischen und römischen Kirche, welche das einzige Organ der göttlichen Stimme des Geistes Gottes ist, und das Heiligtum der Menschwerdung und des beständigen Opfers. Und nun zum Schluß. Die Menschen haben notwendig auf ihre Grundsätze zu sehen. Sie müssen eine Wahl treffen zwischen zwei Dingen, zwischen dem Glauben an einen Lehrer, der mit einer unfehlbaren Stimme spricht, der die Einheit leitet, die jetzt wie im Anfange die Völker der Welt zusammenhält, oder zwischen dem Geiste des fragmentarischen Christentums, welches die Quelle der Unordnung ist, und mit dem Unglauben endigt. Hier ist die einfache Wahl, die vor uns allen liegt, und einen Entschluß müssen wir fassen.

Die täglichen Ereignisse führen die Menschen immer weiter und weiter auf der Laufbahn, die sie betreten haben. Jeden Tag werden sie mehr und mehr geteilt. Dies sind Zeiten der Prüfung. Unser Herr steht in der Kirche: „Er hat seine Wurfschaufel in seiner Hand und wird seine Tenne reinigen; seinen Weizen wird er in seine Scheune sammeln, die Spreu aber mit unauslöschlichem Feuer verbrennen."[1] Es ist eine Zeit der Prüfung, wo „einige von den Erleuchteten" fallen werden, und nur die werden gerettet werden, die standhaft sind bis ans Ende. Die zwei großen Widersacher sammeln ihre Kräfte zum letzten Streite. Derselbe mag vielleicht nicht in unsere Tage fallen, vielleicht auch nicht in die Zeit derer, die nach uns kommen; aber eines ist gewiss, daß wir jetzt ebenso auf die Probe gestellt werden, wie es die sein werden, welche in der Zeit leben, wo es geschehen soll.

---

[1] Mt 3, 12

Denn so sicher als der Sohn Gottes in der Höhe herrscht und herrschen wird, bis Er alle seine Feinde sich zu Füßen gelegt hat, ebenso sicher wird ein jeder, der einen Fuß erhebt oder eine Waffe schwingt gegen seinen Glauben, gegen seine Kirche oder gegen seinen Statthalter auf Erden, Teil haben an dem Gericht, das dem Antichrist aufbewahrt ist, welchem er dient!

Bildnachweis:
Fresko (1499-1501) Cappella di San Brizio im Dom von Orivieto von Luca Signorelli.
(Urheber/shutterstock.com)

Bildbeschreibung:
Im Zentrum des Bildes steht ein Redner - **„der falsche Messias"** - Die Szenerie zeigt, wie der Teufel dem „falschen Messias" die Worte ins Ohr flüstert.